BEATRICE VON WEIZSÄCKER

Warum ich mich nicht für Politik interessiere …

BEATRICE VON WEIZSÄCKER

Warum ich mich nicht für Politik interessiere...

Gustav Lübbe Verlag

Gustav Lübbe Verlag
in der Verlagsgruppe Lübbe

Originalausgabe

Die Veröffentlichung dieses Werkes
erfolgt auf Vermittlung der Autoren- und
Verlagsagentur Peter Molden, Köln

Umschlaggestaltung: Guter Punkt, München
Umschlagmotiv: © Peter von Felbert, München
Satz: Kremerdruck GmbH, Lindlar
Gesetzt aus der Goudy Oldstyle
Druck und Einband: GGP Media GmbH, Pößneck

Printed in Germany

ISBN 978-3-7857-2389-0

5 4 3 2 1

Sie finden uns im Internet unter: www.luebbe.de
Bitte beachten Sie auch: www.lesejury.de

Für Fritz

INHALT

VORWORT

27. Dezember 2008. Bruder Fritz kam zu Besuch. Erstmals allein, ohne die Kinder. Er blieb ein paar Tage. Wir redeten und redeten, die Nächte hindurch. Über uns und die Familie, über das Leben und die Politik. Das Superwahljahr stand vor der Tür, ein Schnaps musste her. »Du solltest ein Buch schreiben«, sagte er schließlich und nahm einen Schluck. Und beim nächsten lieferte er gleich den Titel dazu: »Warum ich mich nicht für Politik interessiere ...«

Ein Buch über Politik schreiben? Ausgerechnet ich? Ausgerechnet jetzt? Interessiert sich überhaupt noch jemand für Politik? Sind wir der Parteien, der Kommissionen, der Volksvertreter, der Talkshows und des parteipolitisch dominierten Fernsehens nicht überdrüssig? Machen »die da oben« nicht sowieso, was sie wollen, egal, was »wir hier unten« denken? Solche Politik interessiert mich nicht. Eine derartige Politik kann nicht interessieren. Rollen wir nicht seit Jahren mit den Augen, wenn wir das Wort »Politik« auch nur hören? Werden wir 2009 nicht erst recht genug davon haben – mit den vielen Jubiläen und Jahrestagen, mit den nicht enden wollenden Wahlen?

Auf der anderen Seite: warum nicht? Bin ich nicht mit der Politik aufgewachsen? Habe ich nicht schon als Kind mit dem Vater die Zeitung gelesen? Mit ihm, der die Blätter immer zuerst lesen wollte, weil er es nicht ausstehen konnte, wenn sie »ausgelesen« waren, wie er sagte, wenn er eigentlich meinte: zerknittert? Haben wir nicht die

Zeitung darum oft zusammen gelesen, er sie von sich weghaltend, ich sie gleichzeitig an mich heranziehend, damit wir die Buchstaben entziffern konnten? Habe ich mich nicht später mein ganzes Leben mit Politik beschäftigt, auch wenn ich nie »in der Politik« war? Aber schreibend als Journalistin, redend, moderierend und diskutierend bei vielen Anlässen?

Ja, Politik war immer da. Aber immer war da auch die Frage: Was ist das eigentlich? Lange Zeit rumorte die Frage in mir, stellte sich erst wörtlich, dann leise, dann kaum noch vernehmbar. Es gibt Fragen, die stellt man als Erwachsener nicht mehr. Der Vater, der Großvater, die Kindheit, die Jugend, der Schüleraustausch in den USA, die erste Wahl, das Studium, die frühen Reisen nach Israel, die spätere Begegnung mit der »Second Generation« in den USA, all das schoss mir beim zweiten Schnaps durch den Kopf. Ich wusste früh, dass wir Deutschen uns allein schon aus historischer Verantwortung für Politik interessieren müssen. Aber für welche Politik? Für die, die wir tagtäglich präsentiert bekommen? Ist das überhaupt Politik? Was ist Politik? Was hat sie mit uns, was haben wir mit ihr zu tun?

Darf man das fragen? Darf man solche Fragen in einem solchen Land mit einer solchen Geschichte stellen? Man darf, man muss. Auch öffentlich. Auch das schoss mir durch den Kopf.

Und noch viel mehr: Die Montagsdemonstrationen und Kirchentage, die Lichterkette und Fußballfans, Nelson Mandela und Willy Brandt, Seyran Ates und Ismael Khatib, ein Leser, ein Lehrer. Sie alle, zufällig und fast wahllos zusammengewürfelt, zogen an meinem inneren Auge vorbei. Ihr Mut, ihr Handeln, das hatte mich beeindruckt. Langsam dämmerte es mir: Sie alle verband etwas: die Politik. Verbindet sie das nicht mit uns allen, mit jedem von uns? Egal, wer wir sind, egal, was wir tun, egal, wie wir leben, egal, was wir denken? Sind wir nicht alle ein Teil des Ganzen?

Auf einmal kannte ich die Antwort auf meine Fragen nach der Politik. Auf einmal wusste ich, wofür ich mich mein Leben lang tatsächlich interessierte.

Beim dritten Glas wusste ich: Fritz' Idee war keine Schnapsidee.

I. DAS RÄTSEL

Der Garten

Politik interessiert mich nicht.

Der Großvater war Diplomat, der Vater in der Politik, vom Ministerpräsidenten, dem Urgroßvater, habe ich erst viel später gehört. Ich verstand nicht, was der Vater tat, und als ich als Kind einmal fragte, was Politik eigentlich sei, blieb der Vater die Antwort schuldig. Wir gingen durch den Garten, lang, ziemlich lang, und er redete viel, sehr viel. Ich fragte, und er antwortete, ich fragte wieder, und er wand sich, ich fragte abermals, und er kam ins Schleudern. Wir sprachen viel zu Hause, wenn auch wenig über Politik. Mein Vater hatte sich stets zurückgehalten mit seinen Dingen, lieber uns befragt, aber immer geantwortet, wenn wir Fragen stellten. Diese Frage von damals war die einzige, die er mir nicht beantworten konnte. Und so blieb er auf Rückfrage der Lehrer das, was er laut Klassenbuch immer schon war: Rechtsanwalt.

Politik interessierte mich nicht. Nicht aus Opposition, sondern weil ich nicht wusste, was das ist. Ich verstand es nicht, weil ich es nicht sehen konnte.

Der Feuersalamander

Bis auf ein einziges Mal. Da gelang es dem Vater, das Interesse seiner Kinder an seinem Beruf zu wecken. Er sollte eine Rede halten. Im Bundestag? Ich weiß es nicht mehr.

Im Fernsehen jedenfalls. Über Bewegendes und Historisches, die Deutsche Frage oder vielleicht auch etwas anderes. Wir saßen beim Frühstück und forderten ihn heraus. Wir machten einen Deal: Er sollte ein bestimmtes Wort sagen, ein Wort, das nicht passt. Das Wort hieß: Feuersalamander. Der Tag kam, wir hockten vorm Fernseher, gebannt wie sonst nur bei *Bonanza* oder der *Sportschau*, die Sendung begann. Wir lauschten, und wir verstanden nichts. Wir verfolgten Satz um Satz, Wort um Wort, wir verstanden nichts, und wir lauschten weiter. Bis endlich das Wort aller Worte fiel: Feuersalamander! Ein Blick in die Kamera, ein Augenzwinkern, das niemand sah.

Aber ich.

Selten wohl haben so kleine Kinder so gespannt eine politische Rede verfolgt und so wenig vom Inhalt verstanden. Kein Wunder, Politik interessierte uns nicht. Aber der Feuersalamander! Jahre später, am 8. Mai 1985, sollte der Vater uns mit einer politischen Rede faszinieren, aber da waren wir ja auch keine Kinder mehr.

Würstchen aus Worms

Politik. Was war nun Politik? Ein Blick in die Kamera, ein Blinzeln für die Tochter? Die Rede selbst jedenfalls war ein zum Scheitern verurteilter Versuch, uns die Materie jenseits des Feuersalamanders schmackhaft zu machen. Politik blieb rätselhaft. Politik, das waren Würstchen aus Worms, dem Wahlkreis des Vaters, und Wein für die Mutter mit dem Photo des Vaters auf dem Etikett. Politik hieß im November 1968 für kurze Zeit Gerhard Schröder, der statt des Vaters als CDU-Kandidat für die Bundespräsidentenwahl auserkoren worden war; mit der Folge, dass sein Name auf Geheiß des jüngeren, damals achtjährigen Bruders Fritz in unserem Hause nicht mehr erwähnt werden durfte – bis zur Wahl im März 1969. Denn zu unserer klammheimlichen Freude verlor Gerhard Schröder gegen Gustav Heinemann, zwar erst im dritten Wahlgang und mit 506 zu 512 Stimmen ziemlich knapp, aber uns scherte das nicht. Die Ehre des Vaters war gerettet. Der Name Schröder durfte im Hause Weizsäcker wieder fallen.

Das war Politik!

Der Professor der Gewässer und der Professor der Dünste

Unser Vater hatte eine ganz eigene Art, mit uns umzugehen. In die alltäglichen Dinge mischte er sich selten ein, trotzdem prägte er uns. Weniger politisch als vielmehr persönlich. Er prägte jeden auf seine Weise. Meinen Bruder Fritz zum Beispiel machte er durch einen simplen Trick zu einem begnadeten Redner, einem wahren Rhetoriker.

Eltern gehen sonntags gern spazieren, Kinder nicht. Da waren wir keine Ausnahme. Besonders Fritz hatte nie Lust. Dem begegnete der Vater mit einer List. Er erfand zwei Professoren: den Professor der Dünste und den Professor der Gewässer. Einer war Fritz, der andere der Vater. Wer welche Rolle hatte, weiß ich nicht mehr, es ist auch egal. Sonntag für Sonntag debattierten die beiden »Professoren« aufs Heftigste. Das Siebengebirge hinauf, das Siebengebirge hinunter: Was herrschte über was: die Gewässer über die Dünste oder die Dünste über die

Gewässer? War das Wasser wichtiger, ohne das es keinen Dunst gäbe? Oder war es der Dunst, ohne den kein Wasser entstünde? War das Wasser, das in Form von Regen den Dunst verscheuchen kann, mächtiger als der Dunst? Oder war der Dunst überlegen, aus dem der Regen für die Gewässer erst entsteht? Wer war Herr über die Dinge, vor allem: Herr über den anderen?

Geklärt wurde das nie. Irgendwann waren wir zu alt für Sonntagsspaziergänge.

Das halbe Pferd

Mich prägte er anders. Ohne Absicht und vermutlich auch, ohne es zu merken. Er erzog mich zum eigenständigen Denken, ohne je an mir zu ziehen. Er sprach mit mir wie zu einer eigenverantwortlichen Person. Denn die eigene Verantwortung, die war ihm wichtig. Nicht erst in der Zukunft, sondern jederzeit.

Gehörten Spaziergänge auch nicht zu meinen Leidenschaften, so trieb ich Sport für mein Leben gern. Turnen, Volleyball, Reiten, das war ein zentraler Teil meiner jungen Jahre. Die Bewegungen beim Turnen, das Mannschaftsspiel beim Volleyball und beim Reiten natürlich: das Pferd! Ein Pferd ist der Traum vieler Mädchen – unerreichbar für fast alle, auch für mich. Ich durfte Privatpferde reiten, das war das Schönste überhaupt. Da wurde mir plötzlich, wie aus heiterem Himmel, ein halbes Pferd angeboten. Eine junge Reiterin suchte eine Mitstreiterin, mit der sie sich Reiten und Pflege teilen konnte. Das war mehr als verlockend – doch nicht die einzige Option, die ich hatte.

Die andere war ein Schüleraustausch in Amerika. Auch das fand ich verlockend, doch ich fürchtete mich davor. Ich kannte das Heimweh zur Genüge, was ich natürlich niemals verriet, und fand vielleicht darum das Pferd die eindeutig bessere Wahl. Nur drei kleine Sätze sagte der Vater, der mein Dilemma wohl ahnte: »Es ist Deine Entscheidung. Es liegt ganz bei Dir, was Du willst: das Pferd oder Amerika. Aber überlege auch, was Du später davon hast.« Er würde jede Wahl akzeptieren, das wusste ich. Doch ich ahnte, dass Amerika sinnvoller wäre, dass ich mich davor eigentlich nur drücken wollte – aus Angst vor der langen Zeit, aus Angst vor dem Heimweh. Die Entscheidung war gefallen.

Freie Menschen

So blieb es auch später. Nie ging es den Eltern bloß um eine »Vorbereitung aufs Leben«, stets ging es um das Leben selbst. Nie bestimmte der Vater, stets hörte er zu oder gab zu bedenken. Nie sagte er, was ich denken oder tun sollte, immer wollte er, dass ich selbst entschied und selbst dazu stand. So verriet er mir erst, als ich schon Journalistin war, dass Journalismus früher sein Traumberuf war, und dass er sein erstes Geld nach dem Krieg mit Beiträgen für den Bayerischen Rundfunk verdient hatte. Das zu wissen, hätte meine Berufswahl gewiss nicht beeinflusst. Aber gesagt hat er es trotzdem nicht. Sicher ist sicher.

Die Eltern gaben nicht vor, welchen Weg wir einschlagen sollten. Wir sollten frei sein – in eigener Verantwortung. So wurden wir vier Geschwister so verschieden, wie es nur sein kann: Der älteste, Robert, wurde Volkswirt, der zweite, Andreas, Künstler, die dritte, also ich, Juristin, und Fritz, der vierte, Arzt. Und unsere Mutter sagte immer wieder spitzbübisch lächelnd: »Habe ich das nicht gut gemacht? Für jeden Fall etwas dabei.«

Politisch war das nicht anders. Auch hier sollten wir frei sein und vor allem frei entscheiden. Wer was wählte, war bei uns nie ein Thema. So wurde in dieser Familie schon fast alles gewählt, was es an demokratischen Parteien gibt: CDU und SPD, FDP und Grüne. Doch davon waren wir damals natürlich noch weit entfernt. Von der Politik ebenso wie vom Interesse daran. Und von den Wahlen schon gar.

Der ferne Freitod

Die Entscheidung zwischen Pferd und Amerika also war gefallen. Ich flog nach Everett, Washington, in den hohen Nordwesten, hinter den Rockies, gleich an der Küste, fast schon Kanada. 1976 war das, im Bicentennial, dem Jahr der 200-Jahr-Feier der USA. Wie anders alles war. Drei Dinge vor allem weiß ich noch genau.

Erstens: Zu meiner Verblüffung hieß Schule nicht nur Lernen. Eines Tages brauchten wir Geld. Für wohltätige Zwecke und eigenes Vergnügen, es ging um viel Geld. In Deutschland wäre es undenkbar gewesen, in den USA war es ganz leicht: Wir trieben Sport, was wir sowieso am liebsten taten. Wir spielten Basketball. Es war kein Wettbewerb wie sonst, es ging nicht darum, die anderen zu besiegen. Es galt einzig, den Ball auf Trab zu halten. Wie man damit Geld verdienen kann? Ganz einfach: Man tut es rund um die Uhr, vierundzwanzig Stunden lang. Der Ball musste nur in Bewegung bleiben, Stunde für Stunde. Sonst nichts. Wenn einer das Spielfeld verließ, kam ein anderer herein, der Ball hüpfte weiter. Und das funktionierte. Alle, die wollten, schauten vorbei, die Lehrer, die Eltern, die Schüler. Und alle, die kamen, spendeten Geld. Viel Geld kam zusammen. Niemand von uns hätte das allein geschafft.

Aber die Gruppe.

Zweitens: Zu meiner Überraschung kehrten sich die Rollen zuweilen um. Wir Austauschschüler sollten auf einmal unterrichten. Wir sollten von Klassenraum zu Klassenraum gehen und etwas über unser eigenes Land erzählen, über Japan, über Norwegen, über Frankreich, über Deutschland. Das klang schwierig, war aber leicht. Denn niemand wusste, dass West-Berlin in der DDR lag. Von der Mauer hatten manche gehört, aber nichts von der Lage der Stadt. Seltsamerweise wunderte sich keiner, dass Berlin von einer Mauer umgeben war, wenn es doch in West-Deutschland lag. Niemandem kam das komisch vor, niemand fragte nach. Erst als ihnen durch den Blick auf die Landkarte, die ich für sie gezeichnet hatte, klar wurde, warum es die Mauer gab, dass Berlin mitten im Osten lag, wurden sie neugierig. Nun wollten sie alles wissen. Wie denn das sei, wie denn das möglich sei, so eingesperrt zu leben. Eingesperrt sein in Freiheit, das sprengte die Vorstellungskraft. Die Luftbrücke war stets das Highlight ihres »Unterrichts«. Manche kannten sogar das Wort »Rosinenbomber«, aber es sagte ihnen wenig. Das war ja auch schon fast dreißig Jahre her, für Siebzehnjährige eine unendlich lange Zeit. Doch es war nicht das Faszinosum Berlin, das sie berauschte, es war der Beitrag ihres eigenen Landes. Denn Amerika hatte die Rosinenbomber geschickt. Ihre Väter hatten Berlin gerettet.

Ich hielt meine ersten Vorträge und fühlte mich großartig. Während man uns im fernen Bonner Gymnasium per Frontalunterricht mit theoretischem Wissen überhäufte, wurden wir hier als Menschen ernst genommen. Wir waren Gestalter, nicht bloß Gefäße, in die es möglichst viel hineinzufüllen galt.

Drittens: Zu meinem Erstaunen gab es keine Nachrichten über Deutschland. War schon die eigene Hauptstadt Washington D. C. weit, Europa schien auf dem Mond zu liegen. Nur zweimal wurde aus Deutschland berichtet. Das eine Mal vom Freitod Ulrike Meinhofs, das andere Mal von der Berliner Mauer, die irgendwo erhöht worden war. Mir fehlten Nachrichten. – Aber, änderte das etwas? Interessierte es jemanden?

Nope!

Das erste Kreuz

Die Volljährigkeit kam und mit ihr das Wahlrecht, gerade rechtzeitig zur Wahl 1976. Wir steckten noch voller Erinnerungen an den furiosen Wahlkampf Willy Brandts 1972, auch wenn wir damals noch halbe Kinder waren. Der Wahlkampf '72 war ansteckend bis in die Schule; ansteckend buchstäblich: Ich sehe noch die »Willy-wählen«-Buttons überall auf den Schulranzen, höre noch die »Willy-wählen«-Rufe überall auf den Straßen. Wir wussten zwar kaum etwas vom gescheiterten Misstrauensvotum im April und hatten auch nur am Rande von der Auflösung des Bundestags im Herbst gehört. Das waren so Sachen, die interessierten uns nicht, die verstanden wir nicht. Die waren uns reichlich egal. Aber den Wahlkampf, die Begeisterung, die fast das ganze Land erfasst hatte, das fanden wir Spitze. »Politik« war Wahlkampf, und Wahlkampf war »Action«. Das fanden wir toll.

1976 war das ganz anders. »Freiheit statt Sozialismus« lautete nun die Parole. Kohl gegen Schmidt. Die »Menschen im Lande« sollten es richten. Wir also. Komisch, dachte ich. Wählen Politiker denn nicht? Politik blieb ein Rätsel. Es war meine erste Wahl. Die erste Wahlkabine, der erste Wahlzettel, das erste Kreuz. Das wurde schwierig. Was sollte ich wählen? CDU wie der Vater? Oder doch etwas anderes? Sollte ich heimliche Opposition hinterm Vorhang wagen? Doch ich traute mich nicht. Ich wählte CDU. Nie wieder habe ich das später getan. Nur damals, bei meiner ersten Wahl.

»Politik« hatte mir ein schlechtes Gewissen gemacht. Sonst nichts.

Der erfundene Brieffreund

Das Studium folgte und mit ihm die Erkenntnis des Überflusses. Die geburtenstarken Jahrgänge strömten an die Universitäten, fünf Parallelklassen waren wir im Bonner Gymnasium gewesen, es gab uns in Massen, überall. Schon am ersten Tag des ersten Semesters in Hamburg schritt der Professor die Reihen ab, zeigte von Student zu Student und sagte ungerührt: »Eins, zwei, Sie fallen durch. Eins, zwei, Sie fallen durch. Eins, zwei, Sie fallen durch.« Mich hatte es nicht getroffen, doch ic fühlte mich elend. Ein Drittel musste raus, weil wir zu viele waren.

Vier Semester später in München war die Situation noch drastischer. Die Hörsäle barsten vor Studenten, und niemand registrierte, ob man da war oder nicht, ob es einen überhaupt gab oder nicht. Einmal wurde ein Student durch das gesamte Jura-Studium geschleust, er machte Schein um Schein, bestand Prüfung um Prüfung. Erst im mündlichen Teil des Ersten Staatsexamens flog der Schwindel auf: den Studenten hatte es nie gegeben. Andere hatten sich für ihn ausgegeben. Und niemandem war das aufgefallen.

Wir waren nicht nur alle ersetzbar, uns musste es gar nicht erst geben.

Da kam Marian. Er war meine Rettung. Auch Marian hat es nie gegeben. Er war mein Brieffreund in Polen und sollte es jahrelang bleiben. Ich hatte ihn erfunden, im dritten Semester. Während wir in Deutschland aufgabenlos vor uns hin studierten, hatten die Unruhen, die infolge der Gründung der Gewerkschaft Solidarność entstanden waren, auch die polnischen Universitäten erfasst. Ich verfolgte die revolutionären Ereignisse gebannt. Und ich schrieb Marian:

Im Februar 1981:

»Nun ist die Welle der Unruhen bis in Eure Universität in Warschau vorgedrungen, habe ich gelesen. Seid bloß vorsichtig mit Euren Sitzstreiks! Du glaubst gar nicht, wie sehr Eure Kraft noch gebraucht wird. Ihr habt es nicht leicht, und doch beneide ich Dich fast um den Aufbruch in dem Land, dessen Angehöriger Du bist. Weißt Du eigentlich, wie viel Du hast,

wonach ich mich sehne? Du hast junge Kraft, Energie und Idealismus. Ich auch. Doch Du hast auch die Chance, sie für eine gute Sache einzusetzen. Du kämpfst für die Freiheit, eine Freiheit, die wir schon haben. Wofür könnte ich kämpfen? Ich kann allenfalls im Kleinen kämpfen. Und es reicht mir nicht, was ich tue. Ich habe das Gefühl, nicht gefordert zu sein.«

Im April 1981:

»Wenn ich verfolge, wie sie bei Euch Fleisch und Zucker rationieren, schwanke ich, ob meine Gedanken richtig sind. Lieber satt und träge als hungrig und rege? Die Älteren können mich sicher nicht verstehen. Sie waren im Krieg, sie haben alles dafür getan, damit es uns gut geht. Und doch überlege ich, ob sie nicht das sinnvollere Leben hatten. Sie hatten eine Aufgabe, wir nicht. Wenn ich an unsere Waschlappengeneration denke, wird es mir ganz übel. Die gehen doch ein, wenn's mal brennt. – Vermutlich wirst Du mich für verrückt halten, Marian, aber vielleicht bist Du, der Du für eine gute Sache kämpfen kannst, auch der Einzige, der mich versteht.«

Im Mai 1982:

»Einen politischen Halt, eine politische Haltung gibt es hier nicht. Man plappert nach, was die Zeitungen sagen. Es gibt auch keine Notwendigkeit, den Halt selbst zu schaffen. Es geht uns zu gut. Das Resultat dieses Gut-Gehens sind Überdruss und Ziellosigkeit. Allen soll es auch gut gehen, bitte missverstehe mich nicht. Aber wozu sich anstrengen, wenn man einerseits ohne Anstrengung genauso weit kommt und andererseits trotz Anstrengung wegen der Masse nicht aus dem Mittelmaß herauskommt? Ich habe manchmal das

Gefühl, vor ungenutzter Energie zu platzen. Und doch sinke ich jeden Abend übermüdet vom Kleinkram des Alltags ins Bett. Welche Verschwendung!«

Im Dezember 1983:

»Wenn ich meine Briefe an Dich lese, denke ich, es muss Dir so vorkommen, als sei ich unglücklich. Dem ist nicht so. Ich fühle nur, dass Zeit verrinnt, die man sinnvoll nützen müsste. Mein Traum ist immer noch, einmal so sinnvoll leben zu können, wie Du es in Deinem Leben täglich tust.«

Und drei Jahre später, im November 1986:

»Ist Leere und Stumpfsinn alles, was der satte, freie Mensch hinbekommt? Mehr und mehr glaube ich, dass wir es nicht lange aushalten, passiv zu leben. Der Mensch braucht die aktive Sinnhaftigkeit. Täte es der Gesellschaft nicht besser, wenn sie kämpfen muss? Herrschen Krieg oder Unfreiheit, ist der Lebenssinn offenbar. Doch ist das Ziel, ein Leben in Freiheit und Wohlstand zu führen, erreicht, können wir nicht damit umgehen. Ich kann nicht glauben, dass der Mensch nur in Unfreiheit kämpfen, nur dann Haltung zeigen kann, um danach im wahrsten Sinne des Wortes zu erlahmen. Das scheint mir unser eigentliches Problem zu sein. Aber wen interessiert das schon? Es ermutigt keinen, sich seinen Sinn und seine Dienste nicht nur komplett selbst ausdenken, sondern sie den anderen auch noch aufzwingen zu müssen.«

Bei Marian hatte ich den Eindruck, er hört mir zu, er nimmt mich wahr, er nimmt mich ernst, er versteht meine Gedanken. Davon konnte in meiner Wirklichkeit keine Rede sein.

Der zweite Kibbuz

Mit dem Studium begann auch die Zeit des Reisens. Zweimal fuhr ich nach Israel, um in einem Kibbuz zu arbeiten, einmal mit meinem Bruder Fritz, einmal mit drei Freunden. Im ersten Kibbuz, Grofit ganz im Süden, zogen wir in den frühen Morgenstunden Wasserleitungen aus dem Boden, um die Anlage »sommerfest« zu machen. Die Hitze der sommerlichen Sonne hätte sonst alles zerstört. So etwas kannten wir gar nicht, Fritz und ich.

Im zweiten Kibbuz, weiter im Norden, standen meine deutschen Freunde und ich Nacht für Nacht in der Fabrik und buken Challa, das Brot zum Sabbat, am Fließband, im Akkord. Zwischen Tel Aviv und Jerusalem lag ein riesiges Einzugsgebiet, es gab viel zu tun. Jeder wusste, wenn er nicht am Fließband stand, mussten die anderen mehr und schneller arbeiten. Darum war niemand krank. Hier wurde jeder gebraucht. Es war das Gegenteil von meinem Leben in Deutschland.

Einat war ein alter Kibbuz, gegründet von Überlebenden des Holocaust. Deutsche Volontäre waren nicht gern gesehen. Warum man uns gerade dorthin geschickt hatte, erfuhren wir nie. Zum ersten Mal sah ich KZ-Nummern auf Unterarmen. Mit aller Vorsicht und Scheu näherten wir uns an. Die Alten und wir Jungen. Zunächst war es schwierig. Sie wollten nicht, dass wir im Speisesaal arbeiteten, sie wollten nicht von Deutschen bedient werden, sie wollten unsere Nähe nicht. Doch nach und nach wich die Ablehnung: »Ihr könnt nichts dafür, Ihr seid ja jetzt hier, Ihr helft uns ja und lebt mit uns«, hieß es nach ein paar Wochen. Mit den jungen Israelis gab es keine Probleme, für sie waren wir Leute wie sie. Wir arbeiteten zusammen, wir aßen zusammen, wir lachten zusammen.

Bis die vierteilige Serie *Holocaust – Die Geschichte der Familie Weiß* im Fernsehen kam. Tagelang waren die Menschen darauf vorbereitet worden. Hotlines wurden geschaltet, Psychologen und Seelsorger benannt, im Fernsehen, im Radio, immer wieder und wieder. Gleichwohl wurde die Ausstrahlung für fast alle zur Qual. Ein bleierner Schleier legte sich über das Land, der Woche um Woche erdrückender wurde. Ich schämte mich. Ich hätte mich am liebsten versteckt oder als die Schwedin ausgegeben, für die die meisten mich hielten. Ich spürte die ganze Last der Geschichte. Ich wagte nicht mehr, die Alten anzuschauen, doch die wandten den Blick nicht ab. Sie blieben dabei: Du kannst nichts dafür, du bist jetzt hier, du hilfst uns und lebst mit uns.

Die Jungen dagegen waren wie ausgewechselt. Keiner sprach mehr mit uns. »Ihr tragt die Schuld! Ihr seid verantwortlich für Hitler!«, war das Einzige, was sie sagten, wutschnaubend. Die Sätze der Alten wollten sie nicht hören, schon gar nicht gelten lassen. Und je öfter sie sie hörten, desto zorniger wurden sie. Das saß.

Und ließ mich zornig werden.

Wussten wir nicht dank des gründlichen Unterrichts in Deutschland gut Bescheid? Waren wir nicht durch das wiederholte Durchnehmen der Nazi-Zeit genügend vorbereitet? Hatte es nicht jahrzehntelange Bemühungen von Politikern gegeben, das Verhältnis zwischen Deutschland und Israel zu entspannen? Hieß es nicht längst, es sei besser, leichter geworden, gerade für uns, die nächste Generation? In Einat war davon nichts zu spüren. Unser Wissen half uns nicht. Die großen Reden, die vielen Worte, am Fließband in Israel war nichts davon angekommen. Und die Alten? Die hatte wohl die Nachsicht von Eltern gegenüber der Unschuld von Kindern gepackt. Ach, die Kinder, die werden es schon noch lernen, sie werden es schon noch verstehen, eines Tages. Und dann können wir reden. So kam es mir vor.

Politik, was war das? Politik, was brachte das?

Das geklaute Fenster

Ein paar Jahre später besuchte ich Polen. 1985, vier Jahre, nachdem ich Marian erfunden hatte, fuhr ich erstmals in sein Land und sah Solidarność-Plakate überall. Ich war inzwischen Referendarin und besaß ein kleines Auto. Mit einem Freund hatte ich eine klassische Bildungsreise geplant: Breslau, Auschwitz, Krakau, Warschau, Wolfsschanze, Masuren, Danzig und zurück. Bis kurz vor Warschau hielt unser Plan. Da wurde eines Abends, wir saßen gerade in einem Konzert, in mein Auto eingebrochen, und gestohlen wurde nicht nur das Gepäck, sondern auch eine Fensterscheibe. Fein säuberlich war sie herausgetrennt worden, so sorgfältig, dass es uns zunächst gar nicht auffiel.

Von da an nahm unsere Reise einen ganz anderen Verlauf. Der deutsche Botschafter half uns rührend, seine Kinder, die in unserem Alter waren, liehen uns T-Shirts, Socken und sonst allerlei Nützliches, während ihr Vater eine Ersatzscheibe für den Polo organisierte. Er gab uns eine Adresse für die Weiterfahrt Richtung Norden. Von da an waren wir keine Touristen mehr, von da an waren wir Gäste.

Kaum hatten wir die erste polnische Familie besucht – selbstverständlich mit Übernachtung –, hielten wir schon die Adresse der nächsten in der Hand, die wir unbedingt auch noch besuchen sollten. So ging es tagelang. Überall wurden wir mit offenen Armen empfangen, als hätten wir uns seit Jahren nicht gesehen. Von Misstrauen gegenüber Deutschen war keine Spur. Ganz im Gegenteil. Eine derartig überwältigende Gastfreundschaft hatte ich noch nie erlebt, selbst in Amerika nicht.

So führte uns die Reise schließlich nach Masuren. Dort zelteten wir bei Leuten an einem kleinen See in idyllischer Landschaft, in der herrlichsten Gegend. Wie zärtlich Suleyken war, das Siegfried Lenz so hinreißend beschrieben hat, erlebten wir nun selbst. Masuren war früher deutsch, seit der Teilung Ostpreußens 1945 gehört es zu Polen. Alte Friedhöfe zeugen noch heute davon. Unsere Gastgeber hatten immer dort gelebt, waren früher folglich Deutsche und nun also Polen. Teile ihrer Familien stammten aus anderen ehemals deutschen Ostgebieten und waren nach Masuren umgesiedelt worden. Außer uns waren auch Gäste aus der DDR zu Besuch. Gewissermaßen waren wir also »Deutsche« aus drei Ländern. Was die Beziehungen unserer Staaten teils aufs Äußerste belastete und in der Welt der Politik zu empfindlichen Debatten führte, das Thema »Heimat«, die Vertreibung, die Umsiedlungen von Familien und die Teilung, spielte bei uns keine Rolle.

Wir saßen am Feuer, als kennten wir uns ewig. Wir aßen geräucherten Aal und tranken Schnaps, als hätte es den Krieg und seine Folgen nie gegeben. Natürlich war der Aal selbst geräuchert und der Schnaps selbst gebrannt, obwohl beides verboten war. Aber das kümmerte unsere

Gastgeber nicht, und infolgedessen auch nicht uns. Nie in meinem Leben war ich so betrunken wie an diesem Abend, selten in meinem Leben habe ich eine schönere Stimmung erlebt – und das hatte mit dem Schnaps ganz und gar nichts zu tun.

Aus unserer »klassischen Bildungsreise« war eine wahre Bildungs-Reise geworden. Mit einer Bildung durch die Menschen und der Bildung einer Freundschaft zu dem Land.

Das Abendessen in Schloss Augustusburg

Der Bundespräsident und Freifrau von Weizsäcker
bitten zu Ehren Ihrer Exzellenzen des Präsidenten des
Staates Israel und Frau Aura Herzog
Beatrice von Weizsäcker
zu einem Abendessen in Schloss Augustusburg, Brühl,
am Montag, den 6. April 1987, um 20 Uhr.

Unser Vater hatte meinen Bruder Fritz und mich zum offiziellen Essen für Chaim Herzog eingeladen. Für die *Bild-Zeitung* war es ein gefundenes Fressen, sie ließ es sich nicht entgehen, wie Bruder und Schwester in Smoking und langem Abendkleid eingehakt die Treppe hinaufstiegen. Doch wir ahnten, wir wussten, wie wichtig dieser erste Staatsbesuch eines israelischen Präsidenten in Deutschland tatsächlich war. Wie sensibel es noch werden würde, das wusste ich nicht.

An meinem Tisch kannte ich niemanden. Die Gespräche waren tastend und leise, besonnen und freundlich, als auf einmal mein Tischnachbar unruhig wurde.

Erregt sprang er auf, ging fort und kam wieder. Als ich ihn nach dem Grund fragte, zeigte er auf die Teller. Die Gedecke der jüdischen Gäste unterschieden sich von unseren. Auf Geheiß der Rabbiner musste das Essen für die Gäste koscher sein. Ihre Teller waren darum neu. Damit das Personal erkennen konnte, an welchem Platz ein neuer Teller gedeckt werden musste, hatten sie andere Unterteller bekommen. Der Zorn meines Nachbarn ging in alle Richtungen. Er regte sich über die Rabbiner auf, die ihm »bis hin zu diesem Staatsbesuch« auferlegten, wie er zu essen habe, und über die Deutschen, die »aus dieser Weisung eine Diskriminierung« gemacht hätten. Schon während des ersten Gangs zückte er Block und Stift. Er war Journalist und schrieb für drei israelische Zeitungen, darunter die bedeutende *Jerusalem Post*. Von »diesem Skandal« wollte er berichten. Ich versuchte, ihn zu beruhigen, erklärte ihm, dass ich ihn verstehe, und bat ihn, doch anzuerkennen, dass dahinter ganz gewiss kein böser Wille gesteckt haben konnte. Doch er beruhigte sich nicht. Nach seiner Überzeugung hätten alle Teller neu sein müssen.

Er schrieb noch beim ersten Gang. Als er fertig war, bat ich ihn, den Artikel für mich zu übersetzen. Er hatte die ganze Situation geschildert. Ich fragte ihn, ob er nicht glaube, damit in Israel einen falschen Eindruck zu erwecken, denn was sollten die Leser anderes denken, als dass entweder die Rabbiner überzogen oder die Deutschen provokativ gehandelt hätten. Da beugte er sich noch einmal über den Text. Und schrieb: »Beobachter sind der Auffassung, dass hinter der Differenzierung keine diskriminierende Absicht steht.« Er schmunzelte in meine Richtung.

Der Hauptgang wurde serviert. Ich wurde als Erste, er als Letzter bedient. Als er an der Reihe war, lagen auf der Platte keine Bohnen mehr. »Auch das noch!«, dachte ich und bot ihm gleich meine an. Er schaute mich an und sagte mit einem Augenzwinkern: »Ich werde sie nehmen – als symbolisches Zeichen, denn Ihre Bohnen sind jetzt unkoscher.«

Der Artikel erschien tags drauf in der *Jerusalem Post*. Die »Auffassung der Beobachter« hatte er nicht gestrichen.

Das Abendessen in San Francisco

Zwei Wochen später hatte das American Jewish Committee zu einer Reise durch die Vereinigten Staaten eingeladen. Es ging um Begegnungen mit Menschen unserer Generation, es ging um Versöhnung, und ich fühlte mich gerüstet. Man zeigte uns Washington, man zeigte uns Chicago und am Ende San Francisco. Wir sprachen mit vielen Leuten, fast ausschließlich Amerikaner jüdischen Glaubens. Die Reise war großartig, und wir lernten viel. Zum Abschluss gab es ein Essen, gemeinsam mit vielen jungen Amerikanern, deren Familien durch den Holocaust zerstört worden waren. Sie waren etwas älter als wir und gehörten zur sogenannten »Second Generation«, die den Krieg zwar nicht mehr erlebt, die Folgen aber sehr wohl zu spüren bekommen hatte.

Es war ein festliches Essen, wir saßen verteilt an runden Tischen in einem Saal, der prächtig geschmückt war. Die Stimmung war fröhlich und heiter, ja, ausgelassen und munter. Bis der Nachtisch kam. Wie aus heiterem

Himmel wechselten plötzlich die Themen an den Tischen, als solle auf einmal Tacheles geredet werden. Und die Stimmung kippte. Waren wir bis eben noch gern gesehene Gäste, ja Freunde gewesen, waren wir auf einmal »die Deutschen«, die Gegner, die Mörder der Väter, der Grund allen Übels. Es verschlug uns die Sprache, und wir hatten keine Chance. Hatte ich mich am Anfang der Reise noch sicher gefühlt, fühlte ich mich nun nur noch schlecht. War das der Grund der Einladung gewesen? War das die Absicht? Gewiss nicht. Denn nach einer Weile stand unser Reisebegleiter auf, auch er ein Mitglied der »Second Generation«, ergriff das Wort und verteidigte uns. Und die anderen verstummten.

Seinen Mut werde ich nie vergessen.

II. DER WENDEPUNKT

Politik hatte begonnen, von mir Besitz zu ergreifen, doch das wusste ich damals noch nicht. Die Frage, was Politik ist, stellte sich mir kaum noch. Irgendwann hört man auf, Kinderfragen zu stellen. Ahnungen verdrängen die Fragen, sie tun es gleichsam passiv, man merkt es kaum. Aber dass da etwas war, was über das eigene junge Leben hinausging, das andere und anderes betrifft, berührt, beeinflusst, bewegt, das dämmerte mir nach und nach. Doch war das Politik?

Das zweite Mal tauchte das Wort »Politik« in meinem eigenen Leben während einer Theateraufführung in der Bonner Beethovenhalle auf, zu der mich meine Mutter eingeladen hatte. Ich stand kurz vor dem Abitur und war fest entschlossen, Völkerkunde, Politik- und Religionswissenschaften zu studieren. Im Grunde hatte ich nur eine geringe Ahnung, was das alles war, doch ich vermutete in dem Sammelsurium der Begriffe Interessantes aus der Welt. Niemand hatte sich je in meine Zukunftsplanung eingemischt, nur mein verehrter Mathematik- und Musiklehrer hob kaum merklich die Augenbraue, als er davon erfuhr. Aber auch er sagte nichts. Während der Aufführung schoss mir plötzlich durch den Kopf: Es wird Jura sein. Ich hatte es nicht überlegt, ich hatte nicht einmal daran gedacht und auch keinen Entschluss gefasst. Es war auf einmal einfach klar. In der Pause berichtete ich meiner Mutter davon, so beiläufig, als hätte ich ihr das Ergebnis eines Fußballspiels mitgeteilt. »Wieso?«, fragte sie. »Weil ich mich für Mathematik, Menschen und Politik interessiere«, antwortete ich – selbst überrascht, aber ebenso selbstverständlich.

Da war es plötzlich wieder dieses Wort der Kindheit, das mir so rätselhaft und undurchsichtig erschienen war. Mathematik, Menschen und Politik. Ich hätte noch immer nicht sagen können, was Politik eigentlich ist. Aber sie begann, mich zu interessieren.

Und die Braue des Lehrers entspannte sich.

III. DIE POLITIK

Mathematik, Menschen und Politik also sollten es sein. Für die Mathematik das Zivilrecht, das vor allem das logische Denken schult, für die Menschen das Strafrecht, bei dem es nicht zuletzt um Gerechtigkeit geht, und für die Politik das Öffentliche Recht und hier zu allererst das Verfassungsrecht. Das faszinierte mich gleich. Und dank meines großen Lehrers an der Universität Hamburg, Professor Ingo von Münch, der es wie kaum ein anderer verstand, die Theorie lebendig zu vermitteln, der einige von uns sogar zu sich nach Hause einlud, um die Debatte zu vertiefen, zog es mich immer mehr in den Bann.

Doch die Frage, was Politik ist, konnte auch das Studium nicht beantworten.

Das Wort »Politik« kommt im Grundgesetz nur einmal vor. In Artikel 65. Danach bestimmt der Bundeskanzler »die Richtlinien der Politik«. Was das ist, sagt es nicht. Die Verfassung setzt den Begriff »Politik« als Grundlage voraus. Es ist ein bisschen wie mit dem Wort »Gott« in der Bibel. Definiert wird Gott nie, aber ohne ihn gäbe es die ganze Bibel nicht. Wie die Bibel ist das Grundgesetz letztlich eine Orientierung im Dickicht des Lebens.

Und was lernen wir da?

Artikel 20 des Grundgesetzes besagt: »Alle Staatsgewalt geht vom Volke aus. Sie wird vom Volke in Wahlen und Abstimmungen und durch besondere Organe der Gesetzgebung, der vollziehenden Gewalt und der Rechtsprechung ausgeübt.« Das klingt gut. Doch es ist falsch. Und das aus zwei Gründen:

Erstens: Keine der Staatsgewalten geht allein vom Volke aus. Nicht die gesetzgeberische Gewalt der Parlamente (Legislative), nicht die ausführende Gewalt der Regierung (Exekutive), nicht die kontrollierende Gewalt der Gerichte (Judikative). Keine der drei Gewalten darf das Volk allein bestimmen. Die Regierung wird vom Parlament bestellt, die höchsten Richter werden es auch. Selbst der Bundestag, der sich »Volksvertretung« nennt, wird nur zur Hälfte vom Volk gewählt, die andere Hälfte bestimmen die Parteien. Dazu später mehr. Der Satz, dass alle Staatsgewalt vom Volke ausgeht, ist – jedenfalls wörtlich genommen – falsch.

Zweitens: Die Staatsgewalt geht nicht vom ganzen Volk aus, sondern nur von Menschen mit deutscher Staatsangehörigkeit. Gehören denn nur die Deutschen zum Volk? Was ist mit denen, die hier leben und arbeiten, die Steuern zahlen und selbstverständlicher Teil der Gesellschaft sind? Ihnen wird das Wahlrecht auf Bundes- und Landesebene verwehrt. Obwohl im Grundgesetz mitnichten steht: »Alle Staatsgewalt geht vom deutschen Volke aus.« Das Grundgesetz schließt Nicht-Deutsche nicht aus. Auch Artikel 38 der Verfassung, der die Grundsätze der Bundestagswahl beschreibt, sagt keineswegs, dass nur deutsche Staatsangehörige wahlberechtigt sind. Vielmehr ist wahlberechtigt, »wer das achtzehnte Lebensjahr vollendet hat«. Mit Artikel eins des Grundgesetzes und seinem zentralen Satz: »Die Würde des Menschen ist unantastbar«, sind selbstverständlich alle Menschen gemeint, nicht nur die Deutschen. Bei den Wahlen ist das anders. Nicht das Grundgesetz verweigert Nicht-Deutschen den Zugang zur Wahl, sondern der Staat mit seinen Wahlgesetzen. Nur bei Kommunalwahlen dürfen Ausländer mitmachen, aber nicht alle – nur EU-Bürger. Warum dürfen in den Kommunen nicht alle wählen, die mit Einwilligung des Staates auf Dauer hier leben? Sie sind der Staatsgewalt doch genauso unterworfen wie wir. Einen ersichtlichen Grund für ihren Ausschluss gibt es nicht. Der Satz, dass alle Staatsgewalt vom Volke ausgeht, ist also gleich doppelt falsch.

Ergänzend zur Staatsgewalt, die angeblich vom Volk ausgeht, sagt Artikel 21 des Grundgesetzes: »Die Parteien wirken bei der politischen Willensbildung des Volkes mit.« Ups!? Die Parteien sollen dabei mitwirken, den Willen des Volkes zu bilden? Das klang befremdlich in meinen Erstsemester-Ohren. Irrte hier nicht das Grundgesetz? Sollten die Parteien nicht den Willen des Volkes abbilden und nicht bilden? Wie sonst sollten Parlament und Regierung den Willen des Volkes erkennen, des Volkes wohlgemerkt, nicht den Willen der Parteien? – Je nun. Ich nahm einfach an, die Grundgesetzautoren hätten es so gemeint.

Nun zu den Abgeordneten. In Artikel 38 konkretisiert das Grundgesetz die Mitwirkung der Parteien wie folgt: »Die Abgeordneten des Deutschen Bundestages werden in allgemeiner, unmittelbarer, freier, gleicher und geheimer Wahl gewählt. Sie sind Vertreter des ganzen Volkes, an Aufträge und Weisungen nicht gebunden und nur ihrem Gewissen unterworfen.«

Die Rolle der Parteien ist nach dem Willen der Verfassungsgeber eine dienende. Die Abgeordneten, die wir wählen, vertreten uns, das »ganze Volk«, sind frei und nur ihrem Gewissen unterworfen. Das ist das Wesen der repräsentativen Demokratie, die Grundlage unseres Staates.

Das ist eine der wichtigsten Schneisen im verfassungspolitischen Dickicht. Und eine Kernbotschaft im ersten Semester. Wie gut das klang, wie einleuchtend, fand auch ich. Aber was wusste ich damals schon?

Denn was ist daraus geworden? Ein politischer Apparat. Doch das begriff ich nicht im Studium, das durchschaute ich erst später. Dann aber gründlich.

Aus der Mitwirkung der Parteien ist die Vorherrschaft der Parteien geworden, aus den Abgeordneten wurden Vertreter und Funktionäre ihrer Parteien. Aus Interessenvertretungen sind Vereinnahmungsmaschinen geworden, denen es schon lange nicht mehr um uns und um die Willensbildung des Volkes geht, sondern um ihre eigenen Belange, um ihren Willen, um ihre Vormundschaft über uns, um ihre Macht und die Erhaltung dieser Macht.

Nur einmal war das anders: bei der ersten und einzigen frei gewählten Volkskammer der DDR vom März

1990 bis zur Vereinigung im Oktober. Dort ging es nicht um den Kampf der Fraktionen, dort rangen die Politiker nicht um ihre Macht, sondern ausschließlich um die Sache. Es war eine Sternstunde in der deutschen Politikgeschichte. Die hohe Wahlbeteiligung von dreiundneunzig Prozent belegte eindrücklich, wie sehr den Menschen daran gelegen war, dass es um die Sache ging und nicht um die Macht.

Gelernt haben wir daraus nichts. Im Parlament geht der Kampf der Parteien und Fraktionen weiter. Und nicht nur dort. Im Bund, in den Ländern, in den Kommunen und in den Ministerien – stets stehen parteipolitische Interessen im Vordergrund. Selbst die Bundesverfassungsrichter werden von den Parteien vorgeschlagen. Überall zählt ihr Votum mehr als alles andere.

Das politikferne Bürgerfest

Welche Auswirkungen das selbst für einen Festtag haben kann, der mit den Parteien nichts zu tun hat und mit dem auch die Parteien nichts zu tun haben sollten, zeigte die Debatte im Vorfeld der Feiern zum sechzigjährigen Bestehen des Grundgesetzes und der Republik insgesamt. Die Politiker begingen den Tag mit einem Staatsakt unter sich, während die Bevölkerung einen Tag später vor das Brandenburger Tor geladen war. Damit die getrennte Feier von Volk und Staatsapparat nicht allzu offensichtlich wurde, sollte vor dem Brandenburger Tor kurz vor der anschließenden Bundespräsidentenwahl ursprünglich der Bundespräsident sprechen, dazu der Bundestagspräsident, die beiden ranghöchsten Vertreter der Bundesrepublik

Deutschland also; der eine für das Volk, der andere fürs Parlament. Unglücklicherweise gehörten beide derselben Partei an – als dürfe so etwas bei einem solchen Gedenktag eine Rolle spielen. Doch es war Wahljahr. Und sowohl Bundespräsident Horst Köhler als auch Bundestagspräsident Norbert Lammert waren Mitglieder der CDU. Das ließ die SPD nicht auf sich sitzen, und auf einmal sollte überhaupt kein Spitzenpolitiker mehr eine Rede halten. Prompt wurde eilends argumentiert, der sechzigste Geburtstag der Republik solle eine Feier für die Bürger sein und kein politisches Fest.

Ausgerechnet zum sechzigsten Jubiläum des Grundgesetzes hatte sich der Staat als unfähig erwiesen, für Überparteilichkeit zu sorgen. Das ist der Preis, den wir dafür zahlen, dass der Staat zum Parteienstaat geworden ist. Daran kommt man offenbar selbst an hohen Festtagen nicht vorbei.

Letztlich aber war das ein Glück. Es wurde ein rauschendes Fest mit mehr als sechshunderttausend Menschen. Eine Feier mit Musik und Tanz, mit einundachtzig Infoständen und nicht gezählten Würstchenbuden, mit Beethovens Neunter und vielen Deutschlandfähnchen, mit dem frisch wiedergewählten Bundespräsidenten Horst Köhler als Zuschauer und dem Grundgesetz als Taschenbuch. X-fach wurde es verteilt, x-fach zum ersten Mal gelesen. Ein Freuden- und Jubeltag – ungetrübt vom Parteienzwist. Ohne die Parteien feiert es sich einfach besser.

Dass aus dem Staat ein Parteienstaat geworden ist, ist auch eine Folge des gefeierten Grundgesetzes selbst. Es räumt den Parteien ihre Macht erst ein. Der Bundestag wird nur zur Hälfte vom Volk direkt gewählt. Mit unserer Erststimme dürfen wir einen Teil der Bundestagsabgeordneten selbst bestimmen. Dieser Teil der Volksvertreter kann mit Fug und Recht behaupten, Vertreter des Volkes zu sein. Der andere Teil kommt über die Landeslisten der Parteien ins Parlament. Sie sind Vertreter ihrer Parteien und keine Vertreter des Volkes. Denn bei der Aufstellung der Listen darf der Wähler nicht mitreden, das darf nur die Partei. Das hat – zur Freude der Partei-Oberen – gefügige Kandidaten zur Folge, die einen aussichtsreichen Platz auf der Landesliste ergattern wollen – und schließt die Bürger aus.

Das gilt besonders bei den kleineren Parteien. Bei ihnen ziehen fast alle Abgeordneten über die Listen ins Parlament. Bei der Bundestagswahl 2005 erhielt die FDP kein einziges Direktmandat, die Grünen eins; bei den Linken schafften es immerhin drei Kandidaten, ein Direktmandat zu bekommen. Union und SPD dagegen kamen auf jeweils mehr als hundertvierzig Direktmandate. Für die Politiker der kleinen Parteien ist der sichere Listenplatz also von entscheidender Bedeutung. Für sie ist die Wahl mit dem Wahlparteitag gelaufen. Haben sie eine sichere Platzierung erreicht, müssen sie nur noch dafür kämpfen, dass ihre Partei die entsprechenden Prozente auch bekommt. Die Politiker der kleinen Parteien sind vollends dem Willen ihrer Partei unterworfen, nicht dem Willen der Bürger. Das gilt auch und erst recht, wenn sie es einmal ins Parlament geschafft haben. Denn wenn sie wiedergewählt werden wollen, müssen sie wieder aufgestellt werden. Und das Listenplatzspiel beginnt von vorn.

Kann der Wähler mit der Erststimme seinen Kandidaten frei auswählen, ist ihm das bei der Landesliste verwehrt. Mag das Volk die Zweitstimmenabgeordneten auch nicht haben wollen, wenn die Partei sie über die Liste »absichert«, kann es machen, was es will. Dann wird man sie nicht mehr los. Selig, wer glaubt, dass dies demokratisch sei.

Der Grund für diesen Zustand liegt in den Anfangsjahren der jungen Republik und an den Folgen von Weimar. Nach dem Krieg galt das Volk als noch nicht mündig und zunächst nicht fähig für eine direkte Demokratie. Das war angesichts der Geschichte nicht nur verständlich, sondern richtig. Die gesamte Bevölkerung hatte die Nazi-Zeit erlebt, es war ein Volk der Diktatur, ein Volk ohne demokratische Erfahrung. Die Väter und Mütter des Grundgesetzes misstrauten den Menschen, die sich so verführbar gezeigt hatten. Nach den Erfahrungen der Weimarer Republik waren sie vorsichtig geworden. Sie wollten das Volk schützen – nicht zuletzt vor sich selbst. Die Angst vor neuen Demagogen ging um. Darum erlaubten sie keine Direktwahl des Bundespräsidenten, gestatteten keine Volksabstimmungen über Sachfragen und räumten den Parteien, die in der Weimarer Verfassung nur am Rande erwähnt worden waren, eine verfassungsrechtlich herausgehobene Rolle ein. Um die Macht der Parteien noch zu stärken und die des Volkes zu begrenzen, schufen sie überdies die Zweitstimme für die Parteien. Ein Mischparlament von Volks- und Parteivertretern war die Folge.

Man kann den Vätern und Müttern des Grundgesetzes keinen Vorwurf machen. Aber dass dies heute noch so ist, ist weder nötig noch gut.

Schon die Grundgesetzautoren sahen in ihrem Werk nur eine vorübergehende Lösung, nicht zuletzt, weil sie befürchteten, sonst die deutsche Teilung zu zementieren. Zu keinem Zeitpunkt glaubten sie, eine Verfassung für die Ewigkeit zu schaffen. Das Grundgesetz war als Provisorium gedacht, darum heißt es auch Grundgesetz und nicht Verfassung, wie das in anderen Staaten der Fall ist. Das Grundgesetz war beim Volk ohnedies nicht beliebt, es nahm es zur Kenntnis, ohne begeistert zu sein. Die fünfundsechzig Väter und Mütter, die im Parlamentarischen Rat zusammengekommen waren, hatten es im Auftrag der Besatzungsmächte geschrieben, nicht im Auftrag des Volkes. Die Bürger sollten nicht mitreden, und sie taten es auch nicht. Man hatte andere Sorgen.

Das ist alles längst anders. Das Grundgesetz hat in der Bevölkerung einen hohen Stellenwert erreicht; das verführbare Volk von einst gibt es nicht mehr. Die Neonazis von heute sind zwar eine hässliche Plage und eine Herausforderung, aber keine Gefahr mehr für die Demokratie.

Wir haben uns gefestigt über alle Krisen hinweg. Wir haben uns über all die Jahre als standhafte Demokraten, als demokratiefähiges Volk bewiesen. Wir sind längst keine Untertanen mehr, sondern mündige Bürger. Sollte man uns da nicht mehr zutrauen und – auch bei der Wahl – mehr Verantwortung überlassen? Selbst Bundespräsident Horst Köhler hat schon gefordert, den Bürgern mehr Einfluss auf die Listenplätze zu geben.

Doch das ist anstrengend für die Kandidaten. »Das ist Knochenarbeit«, stöhnt Norbert Geis, CSU-Bundestagsabgeordneter aus Aschaffenburg. Er weiß, wovon er spricht: Aschaffenburg liegt in Bayern. Und bei bayerischen Landtagswahlen kann man nicht nur die ganze Liste wählen, man kann ankreuzen, wen man will, und so die Reihenfolge der Kandidaten verändern, sie »rauf- und runterwählen«, wie Geis sagt. Was für die Wähler gut ist, ist für ihn »eine riesige Anstrengung«. Denn man muss mehr tun als im Bund, da muss man ran an die Basis: »Da muss man in jedes kleine Kaff gehen und sich vorstellen.« Zweimal schon hat Geis das durchgemacht. Man könnte Mitleid mit ihm bekommen.

Natürlich ist das anstrengend, Demokratie ist eben anstrengend. Unbeeinflussbare Listen sind natürlich viel bequemer – und obendrein nützlicher für die Parteien.

Der übereifrige Erststimmer

Die Folge dieses Wahlsystems können Überhangmandate sein. Sie entstehen, wenn eine Partei in einem Bundesland mit den Erststimmen mehr Mandate bekommt, als ihr nach der Zahl ihrer Zweitstimmen zustehen. Das klingt komplizierter, als es ist. Die durch die Erststimmen direkt gewählten Abgeordneten kommen alle in den Bundestag. Das können am Ende mehr sein, als »erlaubt«. Denn die Sitzverteilung im Bundestag richtet sich nach der Zahl der Zweitstimmen der Parteien in den Ländern. Das beschränkt die Zahl der Sitze theoretisch. Doch da alle Erststimmen-Abgeordnete ins Parlament einziehen, vergrößert sich das Parlament entsprechend. Das ist eigentlich richtig. Denn der Wähler hat die Kandidaten gewollt, und er hat sie gewählt. Es sind also tatsächlich Vertreter des Volkes, und nicht Vertreter der Parteien.

Das Bundesverfassungsgericht hält das für verfassungswidrig. Nach seinem Urteil vom Juli 2008 widerspricht es dem Grundgesetz, wenn eine Partei mehr Abgeordnete stellen darf, als es ihr nach der Zahl der Zweitstimmen, die den Parteien gelten, gestattet ist. Damit werde das Gleichheitsgebot bei Wahlen verletzt. Der Erfolgswert jeder Stimme müsse gleich sein, befanden die Richter aus Karlsruhe.

Damit droht eine Verkürzung des Rechts der Wähler. Überhangmandate erringen oft Kandidaten, die nicht über eine Landesliste abgesichert sind, in der Gunst der Partei folglich nicht an erster Stelle stehen, die der Wähler aber will. Sollten die Überhangmandate nach dem Urteil abgeschafft werden, wären die Parteien gestärkt, der Wille des Wählers hingegen würde geschwächt. Wer die Überhangmandate abschafft, stößt die Wähler vor den Kopf.

Vor der Bundestagswahl 2009 wollte das natürlich niemand. Das Bundesverfassungsgericht hat das auch nicht verlangt, für die Anpassung des Wahlrechts setzte es eine Frist bis 2011. Trotzdem: Vierzehn Monate hätte man Zeit gehabt, in aller Ruhe das Gesetz zu ändern. Zehn Monate hatte sich nichts getan. Dann begann auf einmal ein unerwartetes, hektisches Treiben. Im Mai 2009, vier Monate vor der Wahl, setzten die Bundestagsfraktionen von SPD und Union eine Arbeitsgruppe ein, um sich mit dem Karlsruher Urteil zu befassen. Vor allem die SPD hatte es plötzlich sehr eilig. Doch mehr als Wahlkampf war das nicht. Die Union widersetzte sich prompt. Einen

Schnellschuss vor der Wahl lehnte sie ab. Man war zwar Große Koalitionäre, aber auch große Konkurrenten. Und da die Wahl knapp zu werden drohte, galt es, um jede Stimme zu kämpfen.

Wahlkampf ist normal, das Thema Überhangmandate aber kam überraschend. Denn Nutznießer sind vor allem die großen Parteien. 2005 bekam die SPD neun Überhangmandate, die Union sieben. Da hätte man eigentlich meinen können, weder SPD noch Union seien auf eine schnelle Gesetzesänderung erpicht. Und wenn schon eine der beiden Parteien auf Änderung drängt, dann doch wohl eher die Union, die 2005 schlechter abschnitt als die SPD. So sind sie, die Regeln des Wahlkampfs. Undurchschaubar.

Vor der Wahl im September wird die Reform nicht mehr kommen. Und so droht nun der Makel von 2005 auch im Jahr 2009. Dabei wäre es leicht zu schaffen gewesen. Denn die Lösung des Dilemmas ist einfach. Wenn eine Partei durch ein Überhangmandat einen zusätzlichen Abgeordneten bekommt, muss sie einen Platz aus ihren Landeslisten streichen. So stünde der Wille der Wähler an erster Stelle und nicht der Wille der Parteien. Nur so ginge die Staatsgewalt vom Volke aus und nicht von den Parteien.

Die bestimmten Regierungschefs

So wenig der Wähler bei der Bestückung der Landeslisten mitreden darf, so wenig darf er es bei den Mitgliedern einer Regierung, ganz zu schweigen von der Auswahl der Kanzler- und Ministerpräsidentenkandidaten. So kann es passieren, dass der Wähler Kandidat X als Regierungschef will, aber Kandidat Y bekommt. Geschehen bei der Landtagswahl in Bayern im Herbst 2008: Wer Günther Beckstein wählte, bekam Horst Seehofer serviert. Regierungschefs werden nicht vom Volk gewählt, sie werden von der Partei bestimmt. Selbst auf die Regierungskonstellationen hat der Wähler kaum Einfluss. Er gibt zwar seine Stimme ab, doch wer hinterher mit wem koaliert, kann er nicht beeinflussen.

Dass am Ende etwas anderes herauskommt, als man denkt, passiert immer wieder. Wahl kommt zwar von Auswahl, aber wir haben sie nicht. Daran sind wir so gewöhnt, dass wir es hinnehmen und kaum noch darüber nachdenken. Die Folge ist lediglich, dass aus Überzeugungswählern taktische Wähler werden – Wähler, die die Parteien wegen ihrer Unberechenbarkeit nicht mögen, obwohl sie sie selbst erschaffen haben.

Auch die Kür der Spitzenkandidaten innerhalb der Parteien ist wenig transparent und alles andere als demokratisch. In kleinsten Kreisen werden sie bestimmt, die Parteitagsdelegierten nicken sie dann nur noch ab. Die Nominierung des SPD-Kanzlerkandidaten Frank-Walter Steinmeier für die Bundestagswahl 2009 am heimeligen Schwielowsee etwa war eine Sache von sieben Personen. Unübertroffen aber bleibt das legendäre Frühstück in Wolfratshausen im Januar 2002, dessen Ergebnis die Kanzlerkandidatur des bayerischen Ministerpräsidenten Edmund Stoiber war. Ganze zwei Personen nahmen daran teil: Angela Merkel und – natürlich – Edmund Stoiber, der Hausherr. Mit dem Kanzler-Werden hat es dann zwar nicht so recht geklappt, aber man hatte ja auch niemanden gefragt.

Nach Paragraph eins des Parteiengesetzes sind die Parteien verpflichtet, »die aktive Teilnahme der Bürger am politischen Leben (zu) fördern«. Doch stattdessen schließen sie die Teilnahme der Bürger aus. Nach Artikel 21 des Grundgesetzes muss die »innere Ordnung« der Parteien »demokratischen Grundsätzen« entsprechen. Doch sie tut es nicht.

Der ausgekungelte Bundespräsident

Dass selbst der Bundespräsident unter den Parteien ausgekungelt wird, wundert da kaum noch. Dass aber auch dafür ein gemütliches Tête-à-tête reicht, haben wir 2004 gelernt, als FDP-Chef Guido Westerwelle die CDU-Vorsitzende Angela Merkel in seine Berliner Dachgeschosswohnung einlud und mit ihr den bis dahin ziemlich unbekannten Horst Köhler als ihren Kandidaten aus dem Hut zauberte. Zwei Leute bestimmten den Mann, dessen Aufgabe es ist, die Bundesrepublik nach außen zu vertreten. Einen Präsidenten, der bei seinem Amtsantritt den in der Verfassung formulierten Eid schwören muss, seine »Kraft dem Wohle des deutschen Volkes« zu widmen, »seinen Nutzen (zu) mehren« und »Schaden von ihm (zu) wenden«. Aber das Volk darf ihn nicht wählen, selbst wenn sich der Bundespräsident dafür ausspricht, wie Horst Köhler es tut. Doch außer der FDP sind alle dagegen.

Ein gängiges Argument gegen eine Direktwahl des Bundespräsidenten durch das Volk ist, dass ein solches Votum nicht der Macht des Bundespräsidenten entspräche. Da er praktisch keine Macht habe, sei es unverhältnismäßig, ihn durch die Macht des Volkes wählen zu lassen. Wenn das aber so ist, wenn der Bundespräsident tatsächlich so machtlos (und damit harmlos?) ist, warum darf ihn das Volk dann nicht wählen? Es könnte ja keinen Schaden anrichten, denn es geschehe ja »nichts«, es ginge ja um »nichts«. Ein direkt gewählter Bürgerpräsident würde das Bürgertum stärken, eine »Gegenmacht« zu Regierung und Parlament wäre er nicht.

Warum ist es dann den Parteien so wichtig, ihren Kandidaten mit allen Mitteln durchzusetzen? Ganz einfach: Weil es ihnen um Macht geht; weil sie stets die nächsten Wahlen im Blick haben, die womöglich ins Wanken geraten könnten, wenn ein Kandidat der anderen Partei Präsident würde; weil sie nicht daran denken, was das Beste für das Land ist, sondern das Beste für die Erhaltung ihrer eigenen Macht. Und weil der Präsident in diesem Wettbewerb ein Faustpfand für sie ist.

Der Bundespräsident mag die gesamte Bundesrepublik vertreten. Aber er wird nicht von ihren Bürgern gewählt. Auch wenn das Volk den einen Kandidaten bevorzugt, kann es am Ende sein, dass die Bundesversammlung, dominiert von den Parteien, den anderen wählt. Der Bundespräsident mag über den Parteien stehen. Aber bis er das Amt hat, steht er unter ihnen. Und das hat Folgen: Für seine Wahl interessieren sich viele nur wenig.

In den USA dagegen ist das ganz anders, denn da bestimmen die Menschen, wer für das Amt kandidiert, nicht die Parteien. Im Jahr 2008 nahmen an der Auswahl der Präsidentschaftskandidaten rund sechzig Millionen Amerikaner teil. Weltweit saßen die Menschen vor den Fernsehern, um diesen lebendigen Prozess bis zum Schluss zu verfolgen. Allein schon das Zuschauen machte Lust auf Politik. Als Barack Obama am 24. Juli 2008 Berlin besuchte, kamen mehr als zweihunderttausend Menschen zur Siegessäule, um ihn zu erleben, um wenigstens einmal dabei zu sein, wenn ein Kandidat sich präsentiert. Von solchen Zahlen können hiesige Politiker nur träumen. Dabei sprach Obama gar nicht zu denen, die gekommen waren. Er hatte die Wähler in Amerika im Blick. Aber das tat der neuen Lust an Politik keinen Abbruch.

Das deutsche Wahlsystem, das Lehren aus der Weimarer Republik ziehen wollte, mag Stabilität erzeugen, aber es kann auch verdrießen.

Dass aus der repräsentativen Demokratie eine Parteiendemokratie geworden ist, liegt auch an der Verfassung. Dass sie aber zur Parteiendemokratie verkommen ist, liegt an den Parteien selbst, ihrem überzogenen Machtanspruch und der Art und Weise, wie sie ihn durchzusetzen versuchen. Nicht nur nach außen, sondern auch im Inneren.

Denn wer nach außen etwas erreichen will, muss zunächst im Inneren etwas werden. Wer aber im Inneren etwas werden will, muss sich dem Ganzen fügen. In den Parteien hat nur Erfolg, wer sich den Regeln der Parteien auch beugt.

Das Neumitglied als Frühstücksei

Eine davon lautet: früh anfangen, am besten schon als Schüler, spätestens als Student; sich ständig auf Parteitagen und Kongressen tummeln, um wahrgenommen zu werden, in Gremien zu kommen, ein Wahlkreismandat oder einen sicheren Listenplatz zu ergattern.

Wie erfolgversprechend dieser Weg ist, hat schon vor Jahren Matthias Wissmann gezeigt:

1965: Erstes Engagement für die Junge Union mit sechzehn Jahren
1968: Abitur
1968: Eintritt in die CDU
1973 bis 1983: Vorsitzender der Jungen Union
1975 bis 2007: Mitglied im CDU-Bundesvorstand
1976 bis 2007: Mitglied des Deutschen Bundestages
1993 bis 1998: Bundesverkehrsminister

Nach seinem Ausscheiden aus dem Bundestag blieb er seinem Thema treu: Er wurde Präsident des Verbandes der Automobilindustrie. Dieser nahtlose Wechsel wurde ihm zwar nach Kräften angekreidet. Geschadet hat er ihm nicht. Ganz im Gegenteil. Seine Netzwerke funktionierten perfekt, und Wissmann tat, was er schon immer getan hat: erfolgreich das zu vertreten, was andere – früher die Partei, jetzt die Autoindustrie – von ihm verlangten. Das ist zwar legal, doch es hat ein Geschmäckle. Die Abwrackprämie, die Anfang 2009 eingeführt wurde, um der Branche aus der Klemme zu helfen, war nicht zuletzt sein Verdienst. Was für ein Wort. Sinnvoll? Umstritten! Nicht nur, weil ökologische Aspekte – Klimaschutz hin, Klimaschutz her – keine Rolle spielten, denn die Prämie wird unabhängig vom Spritverbrauch des neuen Autos bezahlt, da mögen Politiker und Autoindustrie noch so bemüht sein, das Wort Abwrackprämie durch »Umweltprämie« zu ersetzen. Nicht nur, weil ausgerechnet

Hartz-IV-Empfänger keine Prämie bekommen, da sie auf ihre Grundsicherung angerechnet wird, mag auch der Präsident des Bundessozialgerichts – »als Privatperson«, wie er betont – an der Rechtmäßigkeit dieser Anrechnung zweifeln, ein Votum, dem sich das Sozialgericht Magdeburg anschloss. Egal. Matthias Wissmann hatte sich ja auch nicht um Umwelt und Menschen zu kümmern, sondern um Autos. Er hat seine Rolle als Lobbyist erfüllt. Und darauf kam es an.

Parteipolitisch tun die Jungen es ihm nach. Heute machen es fast alle so. Von der Schulbank in die Politik.

Philipp Mißfelder, Vorsitzender der Jungen Union, ist gerade mal dreißig Jahre alt und schon seit sechzehn Jahren in der Politik. Seit 2005 sitzt er im Bundestag. Sein Studium hat er erst in der damals laufenden Legislaturperiode abgeschlossen. Längst ist der junge Historiker aus Gelsenkirchen Mitglied im CDU-Präsidium, dem höchsten Machtzirkel der Partei. Im politischen System kennt er sich aus, hier findet er sich zurecht. Dort will er bleiben.

Johannes Vogel, der mit sechzehn Mitglied der Jungliberalen wurde und mit dreiundzwanzig deren Chef, wurde im Frühjahr 2009, gerade noch rechtzeitig zu Beginn des Wahlkampfs, mit seinem Studium fertig. Inzwischen tingelt er durch die Talkshows wie ein Polit-Profi. Auch er will in den Bundestag, und seine Aussichten sind nicht schlecht. Für die Bundestagswahl 2009 wurde er als Direktkandidat aufgestellt und erhielt zudem einen Listenplatz. Dort angekommen wäre er achtundzwanzig, ohne je in einem herkömmlichen Beruf gearbeitet zu haben.

Björn Böhning, der mit sechzehn in die SPD eintrat und bis 2007 Vorsitzender der Jusos war, hat als einziger vor seiner »Politikerlaufbahn« sein Studium abgeschlossen. Seither ist er fest im politischen Betrieb verankert. Er ist Klaus Wowereits Stratege in der Berliner Staatskanzlei. Als gewähltes Mitglied im SPD-Bundesvorstand, als Sprecher der SPD-Linken und als Vorsitzender der Demokratischen Linken kann er sich nun Hoffnungen auf ein Bundestagsmandat machen. Den Kampf um Platz fünf auf der Berliner Landesliste verlor er zwar, aber die Hoffnung gibt er nicht auf. Der Mann will in den Bundestag, keine Frage.

Nur bei den Grünen ist das anders. Die »Grüne Jugend« ist schließlich erst fünfzehn Jahre alt. Und die Grünen sind ja selbst noch jung. Finden sie.

Dort, in den Parteien, erhalten die Jungen die eigentliche »Ausbildung«, nicht außerhalb. Dort werden sie geschult, nicht außerhalb. Dort, so formulierte es einst der Münchner Oberbürgermeister Christian Ude, der mehr Sinn für Humor hat, als die meisten wissen, in seinem Kabarett-Text »Im Ortsverein«, werden Neumitglieder behandelt wie Frühstückseier: »Sie müssen erst noch abgeschreckt werden.« Derart geschult, ausgebildet und »abgeschreckt« leben die Jungen schon bald wie die meisten Abgeordneten nicht für die Politik, sondern von der Politik.

Die Parteien wiederum rekrutieren ihren Nachwuchs gern auf diesem Weg. So kennt man seine Leute, so hat man sie unter Kontrolle. Und das hat seinen Sinn.

Denn die andere Regel lautet: Das zu tun, was Partei und Fraktion vorgeben. Kaum haben die Jungen es in den Bundestag geschafft, wartet schon die Fraktion. Die teilt dem Neuling sogleich ein spezielles Fachgebiet zu, auch wenn er sich für ganz andere Themen interessiert und sich darin gut auskennt. »In diesem kleinen Zaunkönigtum dürfen sie dann mitspielen«, spottete einst der CSU-Abgeordnete Peter Gauweiler, der in seiner Partei als krasser Außenseiter gilt.

Wer sich nicht beugt, wird abgestraft. Quereinsteiger scheitern regelmäßig, weil sie mit Idealismus in die Politik gehen, ihre Überzeugungen umsetzen und Probleme lösen wollen; weil sie für die Politik leben wollen und nicht von ihr und sich darum nicht fügen. Kurz: weil sie ein anderes Politikverständnis haben. Den meisten bekommt das schlecht.

Die Abgeordneten sind sehr wohl an »Aufträge und Weisungen« gebunden, an die ihrer Partei, an die ihrer Fraktion. Sie sind keineswegs »nur ihrem Gewissen unterworfen«, wie es im Grundgesetz heißt, sondern dem »Gewissen« ihrer Partei, dem Gewissen ihrer Fraktion. Ihr Mandat ist nicht frei, es ist gebunden.

Ein politischer Apparat ist entstanden, der am liebsten fern der Wähler handeln würde. Doch das kann er nicht. Denn immer wieder muss er sich den Wählern stellen. Das misshagt dem Apparat. Er mag das Wahlvolk nicht, er misstraut ihm sogar.

Wahlen ohne Glanz und Gloria

2009 ist so ein Jahr. Ein Jahr mit fünfzehn Wahlen, ein Marathon. Vier Landtagswahlen, acht Kommunalwahlen, die Bundespräsidentenwahl, dazu die Europawahl und schließlich als Krönung: die Bundestagswahl. Das könnte ungemütlich werden, denn fast immer hat der Wähler das Wort.

Nur bei einer Wahl nicht: bei der des Bundespräsidenten. Da das Amt des Bundespräsidenten überparteilich ist, wird er nicht von den Parteien oder dem Bundestag gewählt, sondern von der Bundesversammlung, die alle fünf Jahre zusammentritt und nur diese eine Aufgabe hat. Die Bundesversammlung besteht zur Hälfte aus Mitgliedern des Bundestages und einer gleichgroßen Zahl von Mitgliedern, die die Länder bestimmen. Das müssen keineswegs Parteimitglieder sein, auch keine Mitglieder der Volksvertretungen. Damit auch das Volk ein – wenn auch kleines – Wörtchen mitreden darf, werden regelmäßig verdiente Landsleute nominiert, Schauspieler, Wissenschaftler, Wirtschaftsvertreter, Sportler oder Künstler. Die Wahl des Bundespräsidenten ist geheim und erfolgt ohne Aussprache. Natürlich geht jede Partei davon aus, dass »ihre« Wahlmänner und -frauen ihren Kandidaten wählen, und so geschieht es auch in der Regel. Aber eben nur in der Regel.

Prominenteste Ausnahme war Fürstin Gloria von Thurn und Taxis im Jahr 2004. Aus ihrer Unterstützung für die CSU hatte sie nie einen Hehl gemacht. Die CSU wähnte sich also sicher, als sie sie für das Land Bayern in die Bundesversammlung schickte. Doch die Fürstin übte Frauensolidarität. Sie stimmte für Gesine Schwan, die Kandidatin der SPD, und nicht für Horst Köhler, den Unions-Kandidaten.

2004 ging das aus der Sicht der Union noch einmal gut, doch 2009 war die Mehrheit knapper, und die Union wollte auf Nummer sicher gehen. Ihre Landtagsfraktionen sollten darum diesmal keine womöglich unzuverlässigen Wahlmänner und Wahlfrauen aus dem Volk benennen, sondern berechenbare Mitglieder ihrer Parteien. So präsentierte die CSU eine Liste ohne Glanz und Gloria: Bis auf Charlotte Knobloch, die Präsidentin des Zentralrats der Juden in Deutschland, wurden nur bewährte Kommunal- und Landespolitiker der Partei für die Wahl am 23. Mai auserkoren. Und die Rechnung ging auf: mit einer Punktlandung für Horst Köhler – im ersten Wahlgang.

So sind nun auch die Wahlmänner, selbst die in die Bundesversammlung entsandten »normalen Bürger«, was die Abgeordneten längst sind: abhängig von der Partei zur Erhaltung ihrer Macht.

Das Wort »Macht« kommt übrigens im Grundgesetz kein einziges Mal vor. Und auch die Parteien sind außer in Artikel 21 kein einziges Mal erwähnt.

Die kleinen Blüten der Macht

Eine kleine Episode zeigt, welch seltsame Blüten die Vormachtstellung der Parteien treibt: Als Bundeswirtschaftsminister Michael Glos im Februar 2009 seinen Rücktritt anbot, teilte er das nicht der Kanzlerin mit, sondern Horst Seehofer, seinem CSU-Parteivorsitzenden. Dass die Parteien bestimmen, wer Minister wird, ist ein alter Brauch, das ist man gewöhnt. Dass damit kleinere oder größere Rachefeldzüge verbunden sind, man Parteichefs oder potenzielle Ministeranwärter auch mal »abwatscht«, statt sich an der Sache zu orientieren, allerdings ebenso. Aber im Sinne des Grundgesetz-Erfinders ist es nicht. Nach Artikel 64 ernennt und entlässt der Bundespräsident auf Vorschlag des Kanzlers die Bundesminister. Von den Parteivorsitzenden ist nicht die Rede. Theoretischer Schnee von gestern.

Der Schnee mag geschmolzen sein. Die Theorie dagegen hat ihren Sinn behalten. Die Form, von der man den Eindruck hat, sie spiele angesichts des Gewohnheitsrechts der Parteifürsten keine Rolle mehr, ist mehr als bloße Formsache. Sie dient der Achtung vor dem System des demokratischen Verfassungsstaates. Einem System, das darauf bedacht ist, dass Parteigänger im Amt nicht ihrer Partei, sondern dem ganzen Volk zu dienen haben, dass sie nicht einem ungeschriebenen Parteiengesetz unterliegen, sondern dem »Gesetz gesamtstaatlicher Verantwortung«, wie es der frühere Bundesverfassungsrichter Hans Hugo Klein nennt. Wer die Form missachtet, erweckt den Eindruck, dass ihm der Inhalt egal ist. Und wenn der Inhalt egal wird, kann man ihn auch gleich ignorieren.

Auch die Fortsetzung dieser kleinen Episode trieb seltsame Blüten. In der Zeit der Finanz- und Wirtschaftskrise wurde Glos' Nachfolger kein Mann aus der Wirtschaft, kein Fachmann der Materie also, sondern Karl-Theodor zu Guttenberg, der vormalige CSU-Generalsekretär, ein Außenpolitiker. In seinem Fall kam es weniger darauf an, was er wirtschaftspolitisch konnte, denn das wusste damals noch niemand. Da war entscheidend, dass er ein Franke ist wie sein Vorgänger Michael Glos. Zum Parteienproporz kommt im Freistaat der Landesproporz. Manchmal weiß man nicht, was wichtiger ist. Der Bayer im Bundestag jedenfalls hat noch nie das »gesamte Volk« vertreten. Und wieso auch: Hatte doch Bayern das Grundgesetz bei der Abstimmung am 20. Mai 1949 als einziges Land abgelehnt. Nur durch einen Trick kam es schließlich dazu, dass das Grundgesetz auch im Freistaat galt: Für den Fall, dass mehr als zwei Drittel der anderen deutschen Länder das Grundgesetz billigten, sollte es, so die Taktik, auch in Bayern anerkannt werden. So kam es natürlich. Der Freistaat war immer besonders und ist es bis heute, die Nachfolgeregelung für den Franken Michael Glos ist ein hübsches Beispiel dafür. Aber das versteht außerhalb Bayerns sowieso keiner.

Kein Wunder, dass Politiker unbeliebt sind, dass Politik abstößt, statt die Besten der Besten für sich zu gewinnen. Kein Wunder, dass die Menschen sich abwenden, kein Wunder, dass sie von »denen da oben, die sowieso machen, was sie wollen«, sprechen, statt sich ernst genommen, gar angesprochen zu fühlen, wie es nicht nur das Grundgesetz vorsieht, sondern wie man es auch wünscht und erwartet. Kein Wunder, dass aus Parteienverdrossenheit längst Politikverdrossenheit geworden ist. Für die Jungen sind Parteien schon lange nicht mehr interessant. Die Statistik belegt es: Die Hälfte der Mitglieder der großen Volksparteien ist älter als sechzig.

Würden die Volksparteien tatsächlich das Volk abbilden, sähe Deutschland ganz anders aus, als es ist. Junge Leute würden kaum noch existieren, die mittlere Generation hätte sich um die Hälfte reduziert, dafür gäbe es umso mehr Alte. Auch die kleinen Parteien bilden die Gesellschaft nicht ab. Die Grünen geben sich gern jung, aber sie sind es nicht. Und die chronologisch jüngste Partei in Deutschland, die Linke, besteht zu siebzig Prozent aus Rentnern.

Das abgekoppelte Volk

Die »Volksparteien« haben sich vom »Volk« abgekoppelt. Anders als noch in den sechziger und siebziger Jahren, als der Begriff Volksparteien das Licht der Welt erblickte und seine Berechtigung hatte, repräsentieren sie das Volk heute nicht mehr. Seit Mitte der achtziger Jahre geht die Zahl der Parteimitglieder kontinuierlich zurück. Zwar konnten einige Parteien vom Fall der Mauer profitieren, doch dann nahm die Zahl ihrer Mitglieder wieder ab. Heute liegt sie deutlich unter zwei Millionen. Und nur rund zehn bis fünfzehn Prozent sind politisch aktiv. Das heißt: Das Volk wird von einer politischen Gruppe geführt, die weit weniger als einem Prozent seiner erwachsenen Mitglieder entspricht.

Wie können die Parteien da an seiner Willensbildung mitwirken? Wie können sie sich das anmaßen? Die Parteien betreiben Politik ohne Volk. Doch das kümmert sie wenig. An ihrem Machtanspruch jedenfalls ändert es nichts.

Wer mitmachen will, braucht ein Parteibuch. Wer das ablehnt, bleibt vor der Tür. Der kann weder bei Sachfragen mitreden und schon gar nicht bei der Aufstellung der Kandidaten für die Landeslisten. Ein bisschen Politik wird nicht erlaubt. Entweder ganz oder gar nicht. Alle vier Jahre wählen, das geht. Aber sonst? Ab nach Hause und Ruhe bitte! Alle Staatsgewalt geht vom Volke aus, heißt es im Grundgesetz. Alle vier Jahre vielleicht, sonst aber nicht. Dazwischen geht sie von den Parteien aus. Ohne das Volk bestimmen sie über das Volk.

Die politischen Parteien in Deutschland mussten lang auf die Demokratie warten, länger als alle anderen im Westen der Welt. Man sollte meinen, sie wüssten ihre

Bedeutung darum umso mehr zu schätzen. Nicht zuletzt, weil die demokratischen Parteien in der Weimarer Republik so kläglich versagten. Sie tun es aber nicht. Sie missbrauchen ihren Rang. Das mag ihnen gefallen, das macht sie aber auch unbeliebt.

Wie schlecht es um den Ruf der Parteien steht, bekommen auch die zu spüren, die sich trotzdem für sie einsetzen. So wie die Schriftstellerin Juli Zeh. Als sie einmal im Wahlkampf für die SPD warb, erntete sie nur Hohn und Spott. »Wieso lässt du dich vor deren Karren spannen, wieso lässt du dich politisieren?« Das waren die Fragen, die Vorwürfe ihrer Generation. Einer Generation, die die Parteien ohnehin am liebsten abschaffen würde, um die Politiker direkt zu wählen. Die Parteien abschaffen? Geniale Jugend. Jugendliche Ideale. Aber leider nicht sehr hilfreich.

Wie schlecht es wiederum um den Ruf der Politiker steht, hatte einst Lilo Friedrich erlebt. Sie war von 1984 bis April 2009 Mitglied der SPD und saß von 1998 bis 2005 im Deutschen Bundestag. Danach fand sie keinen Job mehr. Mehr als hundert Bewerbungen hatte sie geschrieben, doch ohne Erfolg. »Wer holt sich schon gern eine Abgeordnete ins Haus?«, war das Resümee ihrer vergeblichen Bemühungen, eine Stelle zu finden. So wurde sie Putzfrau. Nicht jeder ist ein Wissmann.

Wer sich der Partei nicht fügt, hat kaum eine Chance. Wer die Ochsentour nicht mitmacht, kommt kaum oben an. Wer sich einsetzt, wird verlacht. Wer einmal Berufspolitiker war, hat später vielleicht schlechte Chancen. Wer will sich das schon antun?

Eine derartige Politik interessiert mich nicht. Eine derartige Politik schreckt mich ab.

Wie weit sich die Volksparteien vom Volk abgekoppelt haben, wie wenig Politik mit dem Volk zu tun hat oder besser: haben soll, verriet ein Wort des SPD-Vorsitzenden Franz Müntefering, ausgerechnet des Mannes, der eigentlich nicht nur als volksnah gilt, sondern es auch ist. Das Wort von der »Politik als Organisation«, der Satz »Politik ist Organisation«, ausgesprochen im Wahljahr 2009. Was sollte das sein? Politik jenseits der Wähler, Politik abseits des Volks?

Müntefering meinte den Wahlkampf. Die SPD dürfe sich nicht als zerstrittene Partei präsentieren, sondern müsse sich geschlossen zeigen. Die Genossen, die sonst gern und vor allem auch gern öffentlich aufbegehren, wie die Freunde von Kurt Beck oder die stellvertretende SPD-Vorsitzende Andrea Nahles, sollten sich zurückhalten, und sie taten es auch. Die Kritik am Stil des Kanzlerkandidaten Frank-Walter Steinmeier etwa, die zuvor zu manchen Debatten geführt hatte, verstummte auf einmal. Zweifel an der Führungskraft der SPD-Spitze drangen nicht mehr nach außen. Müntefering hatte sie »wegorganisiert«. Wer immer auch von der SPD in der Öffentlichkeit auftrat, vermittelte den Eindruck, die Partei sei »gut aufgestellt«. Die »Organisation« hat funktioniert.

Es ist natürlich das Recht einer Partei, die eine Wahl gewinnen will, sich so zu präsentieren. Aber »Politik als Organisation« klingt nicht nur so, als dürfe niemand mitreden, also auch das Parteivolk nicht – vom Wahlvolk einmal ganz abgesehen. Es ist auch so. »Politik ist Organisation« klingt, als glaube die Parteispitze, Politik allein und ohne Beteiligung der Menschen vorgeben und bestimmen zu dürfen. Das kann sie aber nicht, und das darf sie auch nicht.

»Wahlkampf als Organisation«: Das wäre der richtige Ansatz gewesen, »Politik als Organisation« ist es nicht. Wahlkampf braucht Organisation, Politik braucht Visionen – und Beteiligung. Politik ist keine Frage der Organisation, sondern der Inhalte.

Vielleicht meinte Müntefering es ja nicht so. Verräterisch klang es allemal.

Die Kommissionen

Die Politik der Parteien zieht Mittelmaß an. Darum kommt auch nur Mittelmaß dabei heraus. Konflikte sind unerwünscht, sie könnten dem Image schaden und die Wahlchancen verringern. So sucht man den Sachverstand gern außerhalb des Parlaments. Bei Sachverständigenräten, die es schon gibt, und immer öfter bei eigens von der Regierung eingesetzten Kommissionen. Die sollen dann nach Lösungen suchen, nicht die Abgeordneten. Dort sollen Konzepte entwickelt werden, nicht im Parlament.

Gut, wenn sie brav sind und ihre Lösungen politisch passen, dann folgt man ihnen gern. Schlecht, wenn sie unbequem werden. Wie die Zuwanderungskommission zum Beispiel.

Der damalige Bundesinnenminister Otto Schily hatte sie im Jahr 2000 eingesetzt, um die Zuwanderung neu zu regeln. Schon das Wort »Zuwanderer« sprach Bände. Denn es ging nicht um Zuwanderer, sondern um Einwanderer. Doch dieses Wort war tabu. Es hat Jahrzehnte gedauert, bis Ende der neunziger Jahre endlich auch Unionspolitiker anfingen, Deutschland als das zu bezeichnen, was es längst war: als ein Einwanderungsland. Doch das Wort blieb weiter tabu. »Einwanderungsland« – das hätte als ein falsches Signal verstanden werden, womöglich sogar Ausländer anziehen können!

So wurde der Einwanderer allmählich zum Zuwanderer, und wer genau hinsah, konnte den Eindruck gewinnen, dass aus dem Zuwanderer am besten ein »Durchwanderer« werden sollte. Ausländerpolitik? Rausländerpolitik!

So war schon der Titel der Kommission, »Unabhängige Kommission Zuwanderer«, Programm. In diesem Rahmen sollte sich auch der Inhalt bewegen. Doch daraus wurde nichts. Denn der SPD-Politiker Otto Schily beging einen entscheidenden Fehler. An die Spitze des einundzwanzigköpfigen Gremiums berief er Rita Süssmuth, die streitlustige Familienministerin der achtziger Jahre, die spätere Bundestagspräsidentin und eine der wenigen erfolgreichen Seiteneinsteigerinnen in die Politik. Er wollte eine CDU-Politikerin, um die Sache der Union schmackhaft zu machen, doch die Partei schäumte.

Aber Otto Schily setzte sich durch. Rita Süssmuth wurde Vorsitzende. Und sie stellte gleich klar, dass sie weder für ihre Partei noch für die Fraktion sprechen wolle, sondern nur für die Sache. Sie blieb, was sie war: unbequem.

Ein Jahr später legte sie ihren Bericht vor. Er war gespickt mit guten Ideen und neuen Ansätzen. Er enthielt eine Fülle von Anregungen für das geplante Gesetz. Nur wenige Wochen später präsentierte das Bundesinnenministerium einen Referentenentwurf zum Zuwanderungsgesetz. Doch schon der enthielt nur noch wenige der Vorschläge der Süssmuth-Kommission.

Im März 2002 wurde das Gesetz von der Rot-Grünen Regierung verabschiedet, heftig umstritten im Bundestag und vor allem im Bundesrat. So umstritten, dass das Bundesverfassungsgericht den Bundesratsbeschluss wegen des unklaren Abstimmungsverhaltens Brandenburgs im Dezember 2002 für ungültig erklärte. Prompt legte die Bundesregierung das Gesetz wieder vor, es war ja nur an einem Formfehler gescheitert, nicht am Inhalt. Doch inzwischen hatte die Union im Bundesrat die Mehrheit, und so scheiterte es dort, der Vermittlungsausschuss wurde angerufen. Und selbst die wenigen Möglichkeiten der Einwanderung, die das Gesetz vorgesehen hatte, wurden wieder gestrichen.

Im Zuwanderungsgesetz, das am 1. Januar 2005 in Kraft trat, waren nur noch Spurenelemente der Kommissions-Vorschläge enthalten. Entgegen dem vielfach öffentlich bekundeten Anspruch, die Einwanderung neu zu regeln, fanden sich kaum neue Einwanderungsmöglichkeiten. Die angekündigte Öffnung Deutschlands für Zuwanderer blieb aus. Tatsächlich ging der Zuzug neuer Fach- und Spitzenkräfte 2005 im Vergleich zum Vorjahr sogar zurück.

Und natürlich, wen wundert's, wurde das Wort »Einwanderung« im Gesetz penibel vermieden. Es taucht kein einziges Mal auf.

Wozu dann das Ganze? Ja. Das fragt man sich. Rita Süssmuths Ruf hat sich dadurch verbessert. Doch politisch gebracht hat es nichts.

Auf dem vorläufigen Höhepunkt der Finanzkrise Anfang 2009 war abermals die Gründung einer Kommission im Gespräch, eines »Rats der Alten«, wie der frühere Bundesfinanzminister Theo Waigel vorschlug; eine Kommission mit »klassischen Elder Statesmen« sollte es sein, erfahren, frei und unabhängig. Ein Rat mit dem Rang eines Verfassungsorgans sogar. Ein solcher Rat, so Waigel, könne nicht nur in der gegenwärtigen Krise von Nutzen sein, er könne auch einen wichtigen Beitrag gegen Politikverdrossenheit und Politikmüdigkeit leisten. Denn diesen Leuten höre man zu, diese Leute seien glaubwürdig, vor ihnen habe man Respekt.

Als Kurt Biedenkopf gefragt wurde, ob er dabei sei, lehnte er dankend ab. Einen Rat von Kurt Biedenkopf? Jederzeit. Einen »Rat der Alten«, am Ende mit Verfassungsrang? Auf keinen Fall: »Das ist Aufgabe der Politik, des Parlaments«.

Sollte man meinen.

Die ausgegliederte Gesetzgebung

Kann man politische Kommissionen, die nur Vorschläge machen sollen, vielleicht noch durchgehen lassen, wird die Sache kritisch, wenn externe Profis gefragt sind; Profis, die nicht nur während der Gesetzgebungsphase beraten, sondern die Gesetze am Ende selbst schreiben sollen. Dass hochspezialisierte Anwaltskanzleien Gesetzesentwürfe mitformulieren, ist inzwischen gang und gäbe. Dort ist ein Sachverstand zu finden, den die Ministerien nicht haben, aber brauchen. Das ist zwar ein Verstoß gegen die Gewaltenteilung, aber wäre gerade noch hinnehmbar, wenn die Sache dem Allgemeinwohl dient. Brenzlig wird es, wenn die Kanzleien eigene Interessen verfolgen.

Beim Finanzmarktstabilisierungsgesetz, das angesichts der Bankenkrise am 17. Oktober 2008 als Eilgesetz nicht nur verabschiedet, sondern noch am selben Tag vom Bundespräsidenten unterzeichnet und im Bundesgesetzblatt veröffentlicht wurde, saßen auch Bankanwälte mit am Tisch. Sie berieten nicht nur, was bei einer so komplizierten Materie durchaus verständlich wäre. Sie schrieben das Gesetz. Im Berliner Büro einer amerikanischen und als banknah bekannten Anwaltskanzlei arbeitete man Tag und Nacht, um nicht nur am Wortlaut zu feilen, sondern das ganze Gesetz zu formulieren, berichtete später Frank Schäffler, der für die FDP im Finanzausschuss des Bundestages saß. Bei der Rettung der Geldinstitute ging es auch um Banken, die zu den Mandanten der Kanzlei gehören. Ein Schelm, wer da an Interessenkonflikte, gar an Eigeninteresse denkt.

Die Arbeit der Anwälte, »Kapitalmarktjuristen« nennt man sie, war nicht nur demokratisch nicht legitimiert, sie dürfte auch ziemlich teuer gewesen sein – für den Steuerzahler natürlich, der auch die Ministerien finanziert, die eigentlich für Gesetzesentwürfe zuständig sind. Die Ministerien, als Teil der Exekutive, der ausführenden staatlichen Gewalt, sind dem Wohl der Allgemeinheit verpflichtet. Kapitalmarktjuristen dagegen nicht.

Die Volksvertreter

Die Abgeordneten sind nach dem Grundgesetz »Vertreter des ganzen Volkes«. Doch wo vertreten sie uns? Im Parlament jedenfalls kaum. Wann immer Bilder aus dem Bundestag gezeigt werden, sind die Reihen erschreckend leer. Da kommt mal einer, telephoniert oder liest oder redet mit einem offenbar ebenfalls gelangweilten Kollegen, dann spricht er vielleicht kurz und geht wieder. Das kennt man inzwischen, das ist man gewöhnt, nun gut.

Einmal aber war das alles andere als gut: am 30. Mai 2001. Die Bundesstiftung »Erinnerung, Verantwortung und Zukunft«, die für die »Entschädigung« ehemaliger Zwangsarbeiter zuständig war, hatte ihre Arbeit aufgenommen, doch die Auszahlungen hatten noch nicht begonnen. Die »Rechtssicherheit für deutsche Unternehmen«, wie die juristische Voraussetzung für die Auszahlungen hieß, stand noch aus. Der Bundestag musste sie erst noch beschließen. Am 30. Mai 2001 war es so weit.

Die Stiftung, für die ich damals arbeitete, hatte ihre »Partnerorganisationen« aus Polen, Tschechien, der Ukraine, Weißrussland und Russland sowie die Jewish Claims Conference und die Internationale Organisation für Migration, die IOM, nach Berlin eingeladen, um dabei zu sein. Sie vertraten die Opfer aus aller Welt.

Es war uns feierlich zumute, als wir die Besuchertribüne betraten. Jahrelang war um die Entschädigung gerungen, erbittert gestritten und zuletzt vor allem in den USA vor Gericht gefochten worden. Jahrelang hatte sich insbesondere Otto Graf Lambsdorff darum bemüht, das internationale Abkommen zustande zu bringen. Wir alle hatten die Worte des früheren Bundespräsidenten Johannes Rau in Erinnerung, die er anlässlich der Einigung über die Höhe des Stiftungsvermögens am 17. Dezember 1999 im Schloss Bellevue gesagt hatte:

»Für alle, die damals ihr Leben verloren haben, kommt die Entschädigung genauso zu spät wie für alle, die inzwischen gestorben sind.

Umso wichtiger ist es, dass jetzt alle Überlebenden bald die heute vereinbarte humanitäre Leistung bekommen. Ich weiß, dass für viele gar nicht das Geld entscheidend ist. Sie wollen, dass ihr Leid als Leid anerkannt und dass das Unrecht, das ihnen angetan worden ist, Unrecht genannt wird.

Ich gedenke heute aller, die unter deutscher Herrschaft Sklaven- und Zwangsarbeit leisten mussten, und bitte im Namen des deutschen Volkes um Vergebung.

Ihr Leid werden wir nicht vergessen.«

Ein halbes Jahr später sollte es endlich so weit sein. Viele warteten auf den Startschuss für die Auszahlungen, mit denen Deutschland endlich diesen Teil seiner Schuld abtragen und Staat und Wirtschaft ein Zeichen setzen würden, ein Zeichen der Anerkennung, wie es Johannes Rau formuliert hatte. Denn mehr als ein Zeichen, mehr als eine Geste konnte es nicht sein. Es gab nichts zu »entschädigen«, es konnte schon gar nichts »wiedergutgemacht« werden.

In feierlicher, durchaus freudiger Stimmung und mit der Hoffnung auf ein Zeichen auch der Abgeordneten betraten wir den Bundestag. Doch das Plenum war fast leer. Ausgerechnet an dem Tag, auf den rund eineinhalb Millionen noch lebende ehemalige Zwangsarbeiter gewartet hatten, an dem sich die Vertreter der Opfer, die zum Teil selbst Opfer gewesen waren, eingefunden hatten, an dem Tag, der endlich auch meiner Generation die Möglichkeit eröffnete, mehr zu tun, als nur zu reden, sondern endlich zu handeln, ausgerechnet an diesem Tag war kaum ein Parlamentarier erschienen. So sah die Anerkennung der Volksvertreter also aus.

Ich war maßlos enttäuscht und schämte mich in Grund und Boden. Denn auch ich hatte dem Tag entgegengefiebert. Aus ganz eigenen Gründen. Mit großem Enthusiasmus hatte ich das Angebot angenommen, bei der Stiftung mitzuarbeiten, als sie noch ganz in ihren Anfängen steckte. Keine zwei Stunden hatte ich überlegt, nachdem Hans Otto Bräutigam, der damals zum Vorstand gehörte, mich deswegen angerufen hatte. Immer schon hatte die NS-Zeit in meinem Leben eine Rolle gespielt. Mein Vater hatte seinen Vater in Nürnberg verteidigt, das hat mich nicht nur tief beeindruckt, das hat mich auch geprägt. Die Reisen nach Israel, die Erfahrungen in San Francisco, der Journalismus, das Schreiben immer wieder auch über dieses Thema. Und nun auf einmal war sie da, die Möglichkeit zu handeln. Ich hatte eine sichere Stelle für einen befristeten Vertrag aufgegeben, doch das war mir egal. Denn welch eine Chance bot sich da! Endlich konnte ich etwas für Überlebende des Holocaust tun. Ich konnte, ich wollte, ich musste das tun.

Der Bundestag war leer. Ich verstehe es bis heute nicht.

Die Talkshows

Volksvertreter zeigen sich selten im Parlament, sie gehen lieber in Talkshows, wo sie von vielen gesehen werden, vor allem den Wählern. Dort sind sie, fast Abend für Abend:

Montags: bei Beckmann im Ersten.

Dienstags: bei Maischberger im Ersten und/oder parallel bei Kerner im Zweiten.

Mittwochs: bei Plasberg im Ersten oder danach bei Kerner im Zweiten.

Donnerstags: bei Illner im Zweiten oder danach bei Kerner, auch im Zweiten.

Freitags: haben sie frei, denn da kocht Lanz, meist ohne Politiker.

Samstags: bei Unterhaltungsshows für die ganze Familie, gern auch mit Politikern als Gästen, wenn nicht gerade Volksmusik kommt oder Bella Block läuft.

Sonntags: bei Will.

Bald geht Kerner, aber dafür kommt Lanz – jedenfalls einmal in der Woche. Der Koch, ausgerechnet.

Fast jeden Tag eitles Geschwätz und eitles Gehabe. So redlich und zum Teil überzeugend sich die Moderatoren auch bemühen: Wenn die Politiker ihre Parolen loswerden und ihre Eitelkeit zur Schau stellen wollen, schaffen sie es. Nichts ist dann mehr übrig von den Maximen Max Webers, auf den sich Berufspolitiker noch heute gern berufen. Drei Qualitäten hatte Max Weber vor neunzig Jahren in seinem Vortrag *Politik als Beruf* benannt, die ein guter Politiker braucht: sachliche Leidenschaft, Verantwortungsgefühl und ein distanziertes Augenmaß – und eine Eigenschaft, die er nicht haben darf: »die ganz gemeine Eitelkeit«, die zur Selbstberauschung führt. Ausgerechnet die ist geblieben.

Politisches Geschwätz im öffentlich-rechtlichen Fernsehen, bezahlt vom Zuschauer, bestimmt von den Parteien. Noch Fragen?

Solche Politik langweilt mich.

Das öffentlich-rechtliche Fernsehen

Alle genannten Talkshows, in die Politiker so gern gehen, laufen im öffentlich-rechtlichen Fernsehen. Da ist es gut, wenn man auftritt, da ist es fast noch besser, wenn man das Sagen hat. Als Politiker, versteht sich. Als Parteipolitiker, um genauer zu sein. Hinter den Kulissen.

Und da haben die Parteien das Sagen, die sogenannten großen Volksparteien CDU/CSU und SPD jedenfalls. Das hat zwar keiner gewollt, aber es hat sich so entwickelt.

Nach dem Staatsfunk der Nationalsozialisten sollte der Staat nie wieder Macht über den Rundfunk bekommen. Nach dem Krieg wurden darum gesellschaftlich relevante Gruppen eingesetzt, die den öffentlich-rechtlichen Rundfunk gewissermaßen kontrollieren sollten. Wie rückblickend nicht anders zu erwarten, waren es die Parteien, die sich alsbald als maßgebliche Kontrolleure durchsetzten. Sie ziehen die Fäden. In der Regel tun sie das im Hintergrund, so dass viele gar nicht wissen, dass mancher Chefredakteursposten nicht von des Intendanten Gnade, sondern von der der Parteien abhängt.

Das ist weder öffentlich noch recht.

Im Frühjahr 2009 änderte sich das. Da wurde es jedenfalls öffentlich. Zu verdanken war dies der Personalie Nikolaus Brender und seiner Zukunft als ZDF-Chefredakteur. Einer wollte ihn partout nicht länger haben: der hessische Ministerpräsident Roland Koch (CDU), Wortführer des überwiegend konservativ besetzten ZDF-Verwaltungsrates. Zu dumm, dass es öffentlich wurde, zu dumm, dass es Koch selbst war, der die Öffentlichkeit herstellte. Zu dumm, dass er in einem FAZ-Interview in grotesker Weise verriet, um was es ihm ging. Pars pro toto könnte man fast sagen. Als er sich dagegen verwahrte, dass Politiker sogar in Fragen des Rundfunks immer nur Parteipolitik im Kopf hätten, entschlüpften ihm die verräterischen Worte: »Öffentlich-rechtliche Sender stehen in der Verantwortung von Gesellschaft und Politik und werden sich davon auch nicht lösen können. Das ist ein Teil von Demokratie. Politiker sind nicht eine Gefahr für die Demokratie, sondern ihre Grundlage.«

Nanu? Sind nicht die Grundlagen der Demokratie das Grundgesetz, die Menschenwürde, freie Wahlen, die Meinungs- und nicht zuletzt die Pressefreiheit, um nur einige Prinzipien zu nennen? Sind nicht Abgeordnete (vulgo: Politiker) Vertreter des ganzen Volkes mit Betonung auf Vertreter?

Wenn man sich selbst als Grundlage der Demokratie sieht, kann man natürlich getrost die eigentlichen Grundlagen der Demokratie für sich vereinnahmen. Und somit die Herrschaft über den öffentlich-rechtlichen Rundfunk für alle sichtbar übernehmen.

Das war zwar nun öffentlich, aber damit noch lange nicht recht.

Dass Kurt Beck, Ministerpräsident von Rheinland-Pfalz und Vorsitzender des ZDF-Verwaltungsrats, um keinen Deut besser ist als sein Stellvertreter im ZDF-Gremium, Roland Koch, zeigte sich im weiteren Verlauf der

Affäre: Um die erhitzten Gemüter zu beruhigen, Zeit zu gewinnen und nicht zuletzt seinen eigenen Kopf zu retten, gab ZDF-Intendant Markus Schächter auf dem vorläufigen Höhepunkt der Krise ein Gutachten in Auftrag, das klären sollte, »welche Kriterien der Verwaltungsrat bei der Herstellung des Einvernehmens über die Besetzung eines Direktorenpostens zugrunde legen kann«. Damit wurde die Wahl des künftigen Chefredakteurs auf unbestimmte Zeit vertagt. Genauer: auf die Zeit nach der Bundestagswahl 2009. Prompt bekannte Beck ebenso offen wie ungeniert, wessen Geistes Kind auch er ist. Der frühere SPD-Chef unterstützte Schächter postwendend. Kein Wunder: Denn Beck will Brender. Dafür braucht er eine Mehrheit im ZDF-Verwaltungsrat. Die hat er im Moment nicht. Aber das könnte sich bis zum Herbst ja ändern.

Vielen Dank, meine Herren, für diese Offenheit!

Die eigentliche Frage, wie groß der Einfluss der politischen Parteien auf den öffentlich-rechtlichen Rundfunk sein darf, wird im Gutachten natürlich nicht gestellt. Wen wundert's.

Hoffentlich nie: Die öffentlich-rechtliche Zeitung

Nicht auszudenken, was passieren würde, wenn angesichts der Finanzkrise auch angeschlagene Zeitungsverlage teilverstaatlicht werden würden und die Parteien auch bei ihnen ein Wörtchen mitzureden hätten. Ich hielt es für einen schlechten Witz, als ich am 1. April in der *Frankfurter Allgemeinen Zeitung* las, der Europäische Verband der Journalistenverbände (EFJ) habe im Frühjahr 2009, kurz nach dem vorläufigen Höhepunkt der

Causa Brender, alle Fraktionsvorsitzenden des Europäischen Verbandes und den Präsidenten der Europäischen Kommission in einem Brief um finanzielle Hilfe für die Medien gebeten. Nur so könne die Existenz der Medien als Garant für die Qualität von Informationen gesichert werden, behauptete der Generalsekretär der EFJ, Aidan White, in dem Blatt.

»Die Medienkrise droht zur Krise der Demokratie zu werden«, klagte der Lobbyist. Für wen er gesprochen hat, bleibt sein Geheimnis. Mögen dem Verband nach eigenen Angaben auch zweihundertsechzigtausend Journalisten aus neunundzwanzig Ländern angehören – die Journalisten, die sich als unabhängige »vierte Gewalt« verstehen, kann er nicht gemeint haben. Denn genau das Gegenteil ist richtig: Eine Gefahr für die Demokratie wäre es, wenn die »vierte Gewalt« ihre Unabhängigkeit verlöre.

Doch es war kein Aprilscherz. Wenig später forderte in derselben Zeitung auch der frühere Bundesverfassungsrichter Dieter Grimm staatliche Hilfe für die Presse; auch er sah in der Wirtschaftskrise eine Gefahr für sie. Grimm dachte nicht nur an staatliche Subventionen, sondern sogar an ein rundfunkähnliches Regulierungsmodell. Natürlich hoffte Grimm, dass der Fall nicht eintreten würde, und er beeilte sich auch zu betonen, dass eine konservative Regierung selbstverständlich keine konservativen Blätter bevorzugen dürfe.

Doch wer Einfluss hat, der nutzt ihn auch. Kulturstaatsminister Bernd Naumann geht sogar so weit zu sagen: »Wann immer der Staat Mittel vergibt, nimmt er auch Einfluss.« Ob das stimmt oder nicht: Finanzielle Abhängigkeit hat gefährlich oft inhaltliche Abhängigkeit zur Folge. Wer das Zeitungsgeschäft kennt, weiß, wie schnell das passiert. Zeitungen sind abhängig von Anzeigen, Anzeigen vor allem aus der Wirtschaft. Man braucht sie zum Überleben. Das kann Abhängigkeiten erzeugen, die über das Finanzielle weit hinausgehen. Immer wieder drohen Unternehmen, ihre Anzeigen zurückzuziehen, wenn die Berichterstattung über sie allzu kritisch zu werden droht. Immer wieder fragen Unternehmen oder ihre Agenturen, was es denn für das Schalten einer Anzeige als kleine Gegenleistung geben könnte, als redaktionelle Dreingabe sozusagen. Ein gefälliger Artikel vielleicht? Oder gar der Abdruck eines Beitrags, den die Agentur selbst geschrieben hat? Eine Mischung von Journalismus und PR ist die Folge. Eine Grauzone entsteht.

Dass ein ähnliches Szenario auch bei einer staatlichen Zeitungsfinanzierung droht, liegt auf der Hand. Bei einem rundfunkähnlichen Regulierungsmodell erst recht.

Roland Koch und Co. lassen grüßen.

Politik im Internet

Fernsehen, Zeitungen – bleibt noch ein Medium zu erwähnen, das in der Politik auch eine Rolle spielt: das Internet. Auch? Falsch. Es ist ein Medium der Zukunft, es ist *das* Medium der Zukunft – und für viele schon längst das Medium der Gegenwart. Das mag Fluch oder Segen sein. Aufzuhalten ist es schon lange nicht mehr, wegzudenken erst recht nicht.

Schon heute informieren sich vor allem junge Leute nicht mehr über Zeitungen, sondern im Internet. Und da es dort viel leichter ist, sich zu Wort zu melden, tun sie es auch – in Kommentaren direkt im Anschluss an die

Beiträge, in Foren, in Blogs oder bei Twitter. Das geht ohne Aufwand, und es geht auch viel schneller als auf herkömmliche Weise. Klassische Leserbriefe, deren Abdruck man nicht in der Hand hat, deren Abdruck oft Wochen dauert und die sowieso niemand aus der Altersgruppe liest, schreibt keiner mehr. Im Netz aber geht es Schlag auf Schlag.

Streiten sich in Zeitungen wie in der FAZ meist Doktoren oder Professoren, kommt im Internet jeder zu Wort. Hier kommt es zu Debatten, von denen die Zeitungen nur träumen können.

Und die Politiker auch.

Was das Internet bewirken kann, wissen wir spätestens seit dem Wahlkampf Barack Obamas 2008. Kaum einer, den seine Kampagne nicht erreichte, kaum jemand, der sich nicht begeisterte – selbst bei uns –, kaum jemand, der nicht spendete, ob kleine Beiträge oder große Summen. Bis zu zwei Millionen Dollar täglich kamen so zusammen. Der amerikanische Präsident hat seine Wahl nicht zuletzt dem Internet zu verdanken.

Auch davon können die Politiker hierzulande bislang nur träumen.

Die virtuellen Wahlkampfzentren der Parteien

Zwar haben auch die deutschen Parteien inzwischen das Internet entdeckt, die Idee der sozialen Netzwerke aufgegriffen und virtuelle Wahlkampfzentralen eröffnet. Sie mühen sich redlich, aber Erfolg haben sie nicht. Kein Wunder. Denn sie leben an den Möglichkeiten der virtuellen Welt vorbei.

Ein beliebiger Tag im April 2009, die Europawahl steht vor der Tür, die Bundestagswahl ist in Sicht – und der Blick auf die Wahlkampfseiten der Parteien zeigt Folgendes:

Bei der Seite der CDU ist nur eines originell: der Name »teAM Deutschland«, mit den Anfangsbuchstaben von Angela Merkel als Teil davon. Im Übrigen aber fließt im schlafmittelrezeptpflichtigen Tempo ein Bild ins nächste, auf denen Prominente und Möchtegern-Prominente mitteilen, warum sie Angela Merkel wählen. Die erwartete Trostlosigkeit.

Auch die Seite der SPD, www.meinespd.de, ist zum Einschlafen langweilig. Ein Photo von Steinbrück mit ein paar Worten über Steuern, eins von Müntefering mit der Überschrift »sozial und demokratisch«, ein Video mit Wowereit. Na ja.

Auf der »Mit Mach Arena«-Seite der FDP grinst einen kein Politiker an, immerhin, dafür sieht man ein riesiges Fußballstadion, die Ränge voller Menschen, das Feld, das aussieht wie ein Schwimmbad, aber ist leer. Das Bild stimmt auf ziemlich unglückliche Weise: Eine Fußball-Arena ist zum Zuschauen da. Mitmachen kann man da nicht.

Die Grünen nennen ihre Website »Meine Kampagne«. Da ist zwar alles bunter und grüner natürlich, aber auch hier: vor allem Gesichter und Sprüche und sehr viel Establishment. Ausgerechnet bei den Grünen, die früher gegen das Establishment revoltierten. Vor allem junge Leute versuchen sie anders zu locken als die anderen Parteien, zum Beispiel mit dem »Wums-Moos-Graffiti« unter der Überschrift »Bemoose die Stadt«. Doch wer sich das ansehen will, weil »Wums-Moos« wenigstens witzig klingt, muss sich erst anmelden. Man will schließlich wissen, wer sich da tummelt – auch bei den Grünen, die den Datenschutz immer gern hochhalten. Anonymes Mitmachen ist möglich, aber jeder Teilnehmer kann bis zu seinem PC zurückverfolgt werden. Davor warnen die Grünen zwar ständig, doch im Wahlkampf, wo es ihnen nützt, ist ihnen das offenbar ziemlich egal. Ach ja, einen Unterschied zu den anderen gibt es noch: Hier wird man – natürlich – geduzt. Wenn's hilft?

Beim virtuellen Wahlkampf der Parteien wird Präsentation groß, Mitmachen dagegen klein geschrieben. Das ist ein entscheidender Unterschied zu Barack Obama. Auf seiner Website konnte man nicht nur mitmachen, hier konnte man auch seine Meinung sagen und Unruhe stiften. Das haben die Parteien in Deutschland nicht so gern, denn sie könnten die Kontrolle über ihren Wahlkampf verlieren, und das mögen sie nicht. So schadet ihnen ihr eigener Wahlkampf im Internet nicht, er nützt ihnen aber auch nicht.

Die Parteien haben das Internet für den Wahlkampf entdeckt. Aber nicht seine Möglichkeiten. Vielleicht sind sie einfach noch nicht so weit.

Politiker im Internet

Auch die einzelnen Politiker sind von den Chancen, die das Web bietet, weit entfernt. Bundeskanzlerin Angela Merkel sendet zwar eine wöchentliche Videobotschaft übers Netz, aber die wird vor allem von den klassischen Medien gesehen, die dann je nach Bedeutung über ihre Worte berichten.

Die Webseiten der Abgeordneten, auf denen sie sich eigentlich nach Lust und Laune austoben könnten, sind teils staatstragend, teils öde, teils reichlich bemüht. Politische Debatten gibt es nicht. Denn die Plattformen sind zensiert. Hier können die Politiker sich und das, was sie vertreten, schönreden, und sie tun es nach Kräften. Auch die Versuche einiger prominenter Grünen-Politiker, sich im eher jungen Internetportal *Facebook* zu präsentieren, wo man bekanntlich quasi über Nacht eine Unmenge von »Freunden« gewinnen kann, die man im Zweifel gar nicht kennt, sind eher rührend als wirkungsvoll. Ankommen tun sie nicht. Spitzenpolitiker werden im Web kaum wahrgenommen. Selbst bei *YouTube*, der Plattform für Filme, beliebt wie kaum eine andere Plattform im Netz, kommen sie altbacken daher.

Überzeugend ist das alles nicht. Sogwirkung wie 2008 in den USA hat es schon gar nicht.

Deutsche Profi-Politiker haben keine Ahnung von den Chancen des Internets. Künftig werden alle im Netz sein: überall, jederzeit, schnell und ziemlich gut informiert. Davon sind die Berufspolitiker weit entfernt. Während die Zahl der User unaufhaltsam steigt, präsentieren sich die Politiker im Web, als lebten sie im vergangenen Jahrhundert. Die eigentlichen Möglichkeiten haben sie bis heute nicht begriffen. Im Gegenteil: Da sie es kaum kennen, sehen sie das Netz als Bedrohung. Statt es zu nutzen, wollen sie es lieber kontrollieren. Dazu kommen wir noch.

Das öffentlich-rechtliche Fernsehen parteipolitisch dominieren und das Internet kontrollieren zu wollen, das passt gut zusammen. Macht überall. Doch was im Rundfunk vielleicht noch geht, ist im Internet unmöglich.

Politik zeigt sich lebensfern – fern der Wirklichkeit und fern vom Volk.

Willkommen in der Welt des einundzwanzigsten Jahrhunderts!

Der Wahl-O-Mat

Als kleine Alternative dazu präsentiert die Bundeszentrale für politische Bildung seit einigen Jahren im Vorfeld anstehender Wahlen den Wahl-O-Mat im Internet. Der Wahl-O-Mat ist – natürlich – vor allem an die jungen Wähler gerichtet, hier können sie testen, welche Partei am besten zu ihnen passt. Es werden Thesen präsentiert (zum Teil reichlich abwegige wie zur Europawahl 2009 etwa die: »Deutschland soll aus der Währungsunion austreten und die D-Mark wieder einführen«), zu denen man Stellung nehmen kann, und am Ende kommt heraus, mit welcher Partei es Übereinstimmungen gibt. Eine Wahlempfehlung, darauf legen die Macher Wert, soll das nicht sein. Das ist klar – die Bundeszentrale für politische Bildung ist zur politischen Neutralität verpflichtet. Aber selbst wenn man gar keine Wahlempfehlung, sondern bloß eine Entscheidungshilfe sucht, kommt man zuweilen nicht weiter. So kann es einem passieren, dass man am Ende sowohl zur CDU als auch zu den Linken passt, obwohl man beide nicht wählen wollte. Sehr seltsam.

Mehr als eine Info-Börse ist das Ganze also nicht. Ein Wahl-O-Mat, das Wort verrät es schon, ist letztlich nichts anderes als ein Automat. Oben: Frage rein, unten: Antwort raus.

Und – kleine Kritik am Rande: Der Wahl-O-Mat bezieht sich ausschließlich auf die Programme der Parteien. So erweckt er den Eindruck, als stünden nur Parteien zur Wahl und nicht auch Personen. Damit verstärkt er den Eindruck des zurecht kritisierten »Parteienstaats«. Das sollte eine Bundeszentrale, deren Aufgabe die politische Bildung ist, eigentlich nicht tun.

Die Parteien mag das freuen. Mich als Wählerin freut es nicht.

Der politische Lichtblick: Das Bundesverfassungsgericht

Das Ansehen der Parteien und der Politik insgesamt ist alles andere als gut. Anders das Ansehen des Bundesverfassungsgerichts: Zu keiner anderen staatlichen Institution hat die Bevölkerung so viel Vertrauen wie zu dem höchsten deutschen Gericht, kein anderes Verfassungsorgan genießt einen solchen Ruf. Und das aus gutem Grund.

Von Anfang an korrigierte das Bundesverfassungsgericht Fehlentscheidungen aus Bonn und später Berlin und lenkte den Staat in verfassungskonforme Bahnen. Das meiste hat die Bundesrepublik liberaler gemacht, das meiste wohlgemerkt, nicht alles. Ob die Wiederbewaffnung oder die Notstandsgesetze, die Meinungs- und Pressefreiheit oder die Terrorismusbekämpfung, ob die Gleichberechtigung von Frauen und Männern oder der Lauschangriff, die Volkszählung, die Kruzifixe oder das Rauchverbot – alles wird am Grundgesetz bemessen, alles in Karlsruhe behandelt. Das Grundgesetz ist der Maßstab aller Politik.

Es waren die Autoren des Grundgesetzes, die dem Gericht seine herausragende Rolle gegeben hatten. Das Recht sollte nie wieder missbraucht, sondern fortan geschützt werden. Um die Unabhängigkeit des Gerichts noch zu stärken, legte der Bundestag 1952 fest, dass die Bundesverfassungsrichter mit Zweidrittelmehrheit gewählt werden müssen, eine Amtszeit von zwölf Jahren haben und eine Wiederwahl ausgeschlossen ist. Damit sollte der Zugriff der Parteien auf das Gericht erschwert werden. Das hat wohltuende Wirkung: Wer einmal den Sprung nach Karlsruhe geschafft hat, muss sich nicht länger dem Willen der Partei beugen, die ihn vorgeschlagen hat. Denn er braucht sie nicht mehr.

Doch letztlich war es das Bundesverfassungsgericht selbst, das sich einen Stellenwert erobert hat, der seinesgleichen sucht. Dass Karlsruhe oft das letzte Wort hat und nicht der Bundestag, ist für die meisten Menschen ganz normal. Sie vertrauen den Richtern mehr als den Volksvertretern. Selbst manche Abgeordnete scheinen den Richtern mehr zu vertrauen als sich selbst. Immer wieder sind sie es, die das Gericht anrufen, um Rat zu suchen, um Entscheidungshilfen zu bekommen.

Die Rolle des Gerichts als Ersatz-Gesetzgeber der Republik geht manchem Politiker hin und wieder zu weit, vor allem, wenn eine Entscheidung droht, die er selbst nicht will. Als es wieder einmal um innere Sicherheit und Datenschutz ging und ein ehemaliger Bundesverfassungsrichter es wagte, sich dazu öffentlich zu äußern, empörte sich Bundesinnenminister Wolfgang Schäuble mit den Worten: »Wer Gesetze gestalten will, sollte sich bemühen, Mitglied des Deutschen Bundestages zu werden.« Damit hat er natürlich recht. Aber solange der

Bundestag es nicht schafft, verfassungskonforme Gesetze zustande zu bringen, bleibt der Gang nach Karlsruhe unerlässlich – und ein Segen.

Das Bundesverfassungsgericht spricht Recht, nicht Politik. Aber mit dem Recht, das es spricht, ist es mehr als ein juristischer Lichtblick. Mit dem Recht, das es spricht, ist es ein politischer Lichtblick – auch im Hinblick auf die Parteien, mit deren Macht sich die Richter immer wieder befassen, ob bei der Parteienfinanzierung oder den Überhangmandaten.

Früher oder später landet alles in Karlsruhe – vielleicht ja eines Tages auch die parteipolitischen Übergriffe auf den öffentlich-rechtlichen Rundfunk.

IV. DIE ANDEREN

So also ist die Lage: Sechzig Jahre Grundgesetz, sechzig Jahre Bundesrepublik Deutschland, sechzig Jahre Demokratie, und die Menschen sind der Parteien und ihrer Volksvertreter müde, ja überdrüssig geworden. Eine solche Politik interessiert die Menschen nicht, sie kann sie nicht interessieren. Das Bundesverfassungsgericht als letzte Rettung ändert kaum etwas daran. Demokratie in dieser Form hat an Strahlkraft verloren. Eine Umfrage vom Dezember 2006 zeigt, wie wenig die meisten von der Politik der Berufspolitiker halten: Danach glaubten zweiundachtzig Prozent der Wahlberechtigten, dass das Volk keinen nennenswerten Einfluss auf die Politik hat. Die Folge: Viele gehen erst gar nicht mehr zur Wahl. Kein Wunder.

Während sich die »Volksparteien« vom »Volk« abgekoppelt haben, hat sich das »Volk« von den »Volksparteien« verabschiedet.

Zwar ist an die Stelle der großen Volksparteien ein Fünf-Parteiensystem getreten. Und man sollte annehmen, dass das die Sache besser macht. Denn die Bürger haben eine größere Auswahl als früher, und die Grabenkriege der Parteien sind unberechenbarer geworden. Aber die Überzeugung, dass Berufspolitiker nichts Gutes im Sinn haben, ist ungebrochen. Das liegt vor allem an ihnen selbst. Denn sie verhalten sich so. Unverändert unterstellen Politiker einander, nur von persönlichen Interessen geleitet zu sein und nicht von der Sache, nur an die eigene Macht zu denken und nicht an das Volk. Warum sollte das Volk das dann anders sehen? Und in der Regel stimmt das ja auch.

Der politische Frust ist groß.

Und nun? Die Hände in den Schoß legen? Politik ignorieren? Den Politikern das Feld überlassen? Revolution? Nach Amerika auswandern, um zu spüren, wie lebendig Politik sein kann, die uns Obama in seinem Wahlkampf präsentiert hat?

Natürlich nicht.

An den Rahmenbedingungen der Gesellschaft will niemand, der ernst zu nehmen ist, rütteln. Rütteln aber kann man an der Gesellschaft. Man kann sie aufrütteln und wachrütteln. Und das tun mehr, als man denkt.

Je abstoßender »die Politik« wirkt, desto aktiver erscheint das Volk. Von der miesen Stimmung lässt es sich nicht anstecken und schon gar nicht davon abhalten, selbst etwas zu tun. Die Menschen kennen die Freiheit, die Grundlage der Demokratie, sie schätzen sie, und sie nutzen sie. Sie nehmen das Heft selbst in die Hand, sie vertreten sich selbst, die Vielen und die Einzelnen, im Großen und im Kleinen. Das macht die Demokratie so besonders. Das macht sie so interessant. Die Demokratie, wohl gemerkt, nicht die gegenwärtige Politik. Die – wenn sie so bleibt, wie sie ist – interessiert mich nicht. Aber die anderen!

Es gibt Beispiele zuhauf. Manche und manches habe ich selbst erlebt, als Journalistin, bei der Zwangsarbeiterstiftung, beim Kirchentag, als Mitglied des Vorstands der Theodor-Heuss-Stiftung oder einfach privat. Von weiteren Beispielen habe ich auf anderen Wegen erfahren. Viele haben mich beeindruckt. Die Auswahl der Beispiele, fast zufällig gewählt, verbindet etwas: das Leben und die Politik. Das verbindet sie mit der Gesellschaft, mit jedem von uns, mit mir. Das verbindet nicht nur, das steckt an. Das macht Lust auf Einmischung und Lust auf Politik.

Sich einzumischen, ist leichter als man denkt. Doch zuweilen sind die Themen gewaltig und die Aufgaben groß, zu groß jedenfalls für einen allein. Da braucht man eine Gruppe, da hilft zuweilen auch die Masse. Der Mut der anderen kann uns anstecken, die Kraft der anderen uns bewegen. Und das Zeichen der Vielen kann sehr deutlich sein. So deutlich, dass es unübersehbar wird – und wirkt.

Die Montagsdemonstranten

Das beeindruckendste Beispiel der Vielen zeigten die Ostdeutschen mit ihrer friedlichen Revolution im Jahr 1989, getragen vor allem von ihren Montagsdemonstrationen. Mit Wenigen hatte es angefangen, bald gefolgt von Hunderttausenden. Zuerst in Leipzig, dann in vielen Städten der DDR. Mit »Wir sind das Volk« meldeten sie sich Woche für Woche zu Wort, und das bald nicht nur montags. Sie wollten das Ende der SED, sie wollten die Freiheit. Und sie schafften es. Eindrucksvolleres habe ich nie erlebt. Erst via Fernsehen, Woche für Woche, Tag für Tag, und dann endlich in Berlin, als die Mauer fiel. Bis dahin verfolgte ich das Geschehen aus Bonn, wo ich an meiner Dissertation schrieb. Es war nicht einfach, sich darauf zu konzentrieren. Viel zu aufregend war, was sich tat. Freude und Angst mischten sich täglich: Würde das gut gehen im Osten? Und war die Begeisterung echt, die Begeisterung im Westen? Fernab im Rheinland beschlichen mich Zweifel.

Wir alle hörten von den Menschen, die tagtäglich aus dem Osten kamen, begeistert empfingen wir sie. Aber nicht alle von uns. Die Freude mancher Westdeutschen kam mir verlogen vor, doch ich traute mich nicht, darüber zu reden. Also schrieb ich ein kleines Gedicht, im September 1989, zwei Monate vor dem Fall der Mauer. Nur für mich. Es war mein Geheimnis. Das Gedicht ging so:

Deutsche Ankunft im September (ff.)

Täglich kommen Deutsche
Hunderte
Tausende
in das schönste

Bundesland
Wunderland
Wunschland
Deutschland.

Und wir Deutschen

wünschen ihnen –
wundern uns
verbünden uns

gegen sie.

Doch ich hoffte, dass ich mich täuschte.

Im August 1989 war der Ausreisedruck von Tag zu Tag gewachsen. Immer mehr Menschen flohen nach Prag, in die deutsche Botschaft, um in den Westen zu gelangen. Hunderte kletterten über die Zäune, Tausende besetzten das Gelände, Zelte und sanitäre Anlagen wurden aufgestellt, ja sogar ein Schulbetrieb für die Kinder eingerichtet, bis der damalige Außenminister Hans-Dietrich Genscher am Abend des 30. September nach Verhandlungen mit dem damaligen sowjetischen Außenminister Eduard Schewardnadse in New York auf dem Balkon der Prager Botschaft erschien und verkündete: »Liebe Landsleute, wir sind zu Ihnen gekommen, um Ihnen mitzuteilen, dass heute Ihre Ausreise ...« – tausendfacher Jubel unterbrach seine Worte. Und das Satzende »... in die Bundesrepublik Deutschland möglich geworden ist«, war kaum noch zu vernehmen.

Die Behörden der DDR hatten nachgegeben und Tausenden DDR-Bürgern die Ausreise in die Bundesrepublik erlaubt.

Kurz darauf, am 4. September 1989, begannen die Montagsdemonstrationen, zunächst in Leipzig. Das hatte seinen Grund: Seit Anfang der achtziger Jahre hielten Christian Führer und Christoph Wonneberger angesichts der weltweiten Aufrüstung Friedensgebete in der Leipziger Nikolaikirche ab. Montag für Montag, Woche für Woche. Zunächst für Gerechtigkeit, Frieden und Bewahrung der Schöpfung, später für ein offenes Land mit freien Menschen. Nicht »Wir sind das Volk«, sondern »Ohne Gewalt« waren die zentralen Begriffe dieser Zeit; zunächst in der Kirche, dann auf dem Vorplatz. Unter dem Eindruck der Massenflucht aus der DDR forderten sie vor allem Reisefreiheit. Westdeutsche Journalisten filmten die Transparente, die Staatssicherheit kam, um die Schilder zu entfernen. »Stasi-raus«-Rufe waren die Folge. Die Stasi aber ging nicht fort, sie griff brutal ein. Das war die erste Montagsdemonstration.

Am 4. Oktober 1989 eskalierte die Gewalt auch in Dresden, dem »Tal der Ahnungslosen«, wie es immer hieß, weil es durch seine Lage vom westdeutschen Fernsehen abgeschnitten war. Vier Züge mit DDR-Flüchtlingen aus der Prager Botschaft sollten über Dresden in den Westen gebracht werden. Tausende Menschen waren gekommen, um in die Züge zu steigen. Die Polizei setzte Wasserwerfer, Schlagstöcke und Tränengas ein und nahm mehr als tausend Personen fest. Auch in Plauen drohte die Eskalation. Auch hier fuhren Züge mit Flüchtlingen durch. Und auch hier kam es zu Demonstrationen, gewaltsamen Eingriffen der Staatssicherheit und Polizei sowie zahlreichen Festnahmen. Seither versammelten sich Samstag für Samstag die Menschen in Plauen, bis zu den ersten freien Wahlen in der DDR, am 18. März 1990.

Sehr schnell wurden die Montagsdemonstrationen in Leipzig zu einer Massenbewegung. Schon am 9. Oktober 1989 griffen die Sicherheitskräfte nicht mehr ein. Die Gründe für ihren Rückzug sind bis heute nicht geklärt. Für die siebzigtausend Leipziger war es der Durchbruch. Bald demonstrierten Hunderttausende DDR-Bürger nicht nur in Leipzig, sondern im ganzen Land.

Es war Michail Gorbatschow, der die Wende ermöglicht hatte. Seit 1985 regierte er in Moskau mit Glasnost und Perestroika, und das steckte an. Lehnte auch die DDR den neuen Kurs kategorisch ab, die Menschen taten es nicht. Mit der gefälschten Kommunalwahl am 7. Mai 1989 und dem Massaker auf dem *Platz des Himmlischen Friedens* in Peking knapp einen Monat später, zu dem die DDR-Staatsführung der chinesischen Regierung für die »Niederschlagung einer Konterrevolution« gratulierte, wuchs der Unmut. Die Menschen drängten aus dem

Land. Unter dem Druck der wachsenden Flüchtlingszahlen, dem Druck der Medien und angesichts des bevorstehenden vierzigsten Jahrestages der DDR am 7. Oktober, beschloss die SED, die Flüchtlinge, die sich in der Prager Botschaft versammelt hatten, in Zügen durch die DDR ausreisen zu lassen. Doch der Druck ließ nicht nach. Die Montagsdemonstrationen erhielten immer stärkeren Zulauf.

Im Zweitagerhythmus formierten sich neue politische Gruppen: das »Neue Forum« am 10., »Demokratie Jetzt« am 12. und der »Demokratische Aufbruch« am 14. September. Sie nannten sich bewusst nicht Partei, denn vom »Demokratischen Zentralismus« der SED hatten sie genug. Sie verstanden sich als Bürgerbewegung. Und das waren sie auch.

Die »Wende«, wie die Herbstrevolution meist genannt wird, war nicht mehr aufzuhalten – ein Wort, das bis dahin in der alten Bundesrepublik für den Regierungswechsel von Helmut Schmidt zu Helmut Kohl 1982 gestanden hatte, bei dem Helmut Kohl von der »geistig-moralischen Wende« sprach, und ein Wort, das in seiner neuen Bedeutung viele Ostdeutsche nicht besonders schätzen. Denn was die meisten nicht mehr wissen, das wissen sie noch ganz genau: Der Ausdruck »Wende« stammte von Egon Krenz, dem Nachfolger Erich Honeckers. Krenz prägte das Wort in seiner Antrittsrede am 18. Oktober 1989. »Mit dem heutigen Tag werden wir eine Wende einleiten …«, sagte er, doch der neue Staatsratsvorsitzende und SED-Generalsekretär verstand unter »Wende einleiten« etwas ganz anderes als fast alle anderen. Mit seiner »Wende« wollte er »die politische und ideologische Offensive wiedererlangen«. Genau das aber wollten die Menschen nicht: eine zentralistische Partei mit Parteidisziplin für alle.

Wenn jemand die »Wende« eingeleitet hatte, waren sie es mit ihren gewaltfreien Protesten, nicht Egon Krenz. Es war auch nicht das Grundgesetz, das maßgeblichen Anteil an der Vereinigung hatte, wie der Vorsitzende der Unionsfraktion im Bundestag, Volker Kauder, zur Sechzig-Jahr-Feier des Grundgesetzes behauptete, maßgeblich waren die Menschen im Osten. Sie wollten die Freiheit. Und die bekamen sie. Nur drei Wochen später.

Denn da fiel die Mauer.

Und ich ging nach Berlin. Endlich gab es etwas zu tun für unsere Generation. Ich brauchte keinen Marian mehr. Die Zeit der virtuellen Welt mit meinem erfundenen Brieffreund aus Polen war vorbei. Die Wirklichkeit war da.

Nur einmal noch schrieb ich ihm. Da war die Mauer schon gefallen, aber der Tag der Vereinigung noch nicht da. Und um die Einheit, fand ich, war es nicht gut bestellt. Die Stimmung in Deutschland, im fernen Rheinland zumal, war noch immer nicht besser als ein Jahr zuvor. Nun aber war es im Westen erst recht nicht opportun, so zu denken, geschweige denn, das zu sagen. Doch ich wollte meinen Unmut nicht länger für mich behalten, ich wollte ihn teilen. Also schrieb ich kein Gedicht, sondern an Marian, damit wenigstens er davon erfuhr. Wie früher:

»Geprägt von unserer Vergangenheit, deren Bewältigung uns täglich beschäftigt, stürzen wir uns auf die neue. Noch einmal das Ganze. Jetzt halt nicht Nazis, jetzt halt die Stasi, in unserer alt bewährten Gründlichkeit. Darin sind wir gut,

darin sind wir Meister, wir im Westen. Wir räumen auf bei euch, kein Problem, wir räumen auf in allen Bereichen, lasst uns nur machen.

Schluss mit der Vergangenheit. Schluss mit der DDR. *Vierzig Jahre, elf Monate und sechsundzwanzig Tage ausradiert. Gut gewählt, der 3. Oktober als Tag der Vereinigung. Auf diese Weise haben wir auch noch länger durchgehalten als ihr. Wir sind schon seit vier Monaten einundvierzig. Ihr werdet es nie. Pech!*

Wir werden ein starkes, ein mächtiges Land sein, eins, das sich blicken lassen kann. Mir ist nicht wohl dabei. Nie hatten wir ein sonderliches Selbstbewusstsein, nie ein ausgeprägtes Selbstwertgefühl. Und plötzlich, von einem Tag auf den anderen, sind wir der staatlich verkörperte Selbstwert.«

Zu meiner Verblüffung wurde der Brief veröffentlicht – noch dazu in einer Zeitung, die nicht gerade im Verdacht stand, so zu denken: im *Rheinischen Merkur.* Es hagelte Leserbriefe. Zustimmung aus dem Osten, Schmähungen aus dem Westen.

Nicht alles war gut geworden. Aber die Montagsdemonstrationen, die waren gut, die blieben gut. Sie führten zur »friedlichen Revolution«, und die setzte sich durch. Die Worte »friedlich« und »Revolution« galten bis dahin als ein Widerspruch in sich. Gewaltfreiheit hatten sich die Menschen in der Nikolaikirche in Leipzig von Anfang an gewünscht. Dass es funktioniert hat, bezeichnet der Theologe Christian Führer noch heute als ein Wunder. Wunder im biblischen Sinne, sagt er, zeigten, dass »mehr möglich ist, als möglich ist.« In der Tat: Wer von uns hätte die friedliche Revolution je für möglich gehalten? Die kam einem Wunder tatsächlich ziemlich nah.

Nie wieder hat es in Deutschland eine so dramatische Situation wie 1989 gegeben. Nie wieder war die Lage so bedrohlich und das Sich-Einmischen so gefährlich. Doch Anlass, etwas zu tun, gab es auch danach.

Drei Jahre später war das vereinte Deutschland erschüttert von Gewalt und Ausländerfeindlichkeit. Fremdenfeindliche Ausschreitungen und rassistische Übergriffe waren an der Tagesordnung. Begonnen hatte es Ende 1990, als der Angolaner Amadeu Antonio in Eberswalde in Brandenburg gewaltsam zu Tode kam. Im August 1992 hatte es tagelange Ausschreitungen in Rostock-Lichtenhagen gegeben, die massivsten ihrer Art in der deutschen Nachkriegsgeschichte. Auch im Westen brodelte es. Am 23. November verübten Neonazis einen gezielten Mordanschlag mit Molotowcocktails auf zwei von türkischen Familien bewohnte Häuser in der schleswig-holsteinischen Kleinstadt Mölln. Zwei Mädchen und ihre Großmutter kamen ums Leben, neun Menschen wurden zum Teil schwer verletzt. Noch während der Löscharbeiten gingen bei der Polizei Bekenneranrufe ein, die mit »Heil Hitler« endeten. Die Nation stand unter Schock, wir alle waren wie gelähmt vor Entsetzen. Die Politik war ratlos.

Wir Journalisten versuchten, so wortgewaltig wir konnten, dagegen anzuschreiben, aber was halfen unsere Worte schon. Sie waren wie ein Tropfen auf dem heißen Stein.

Da hatten vier Leute aus München eine Idee, unter ihnen der Journalist Giovanni di Lorenzo. Sie vertraten keine Parteien und keine Verbände, sie vertraten sich selbst. Sie wollten ein Zeichen setzen, ein sichtbares Zeichen, ein Zeichen von vielen, ein Zeichen für alle: mit

Kerzen und Lichtern als Symbol des Friedens anstelle von politischen Reden und Parolen. Ein stummer, stiller Protest sollte es werden, und Hunderttausende machten mit. Hunderttausende Menschen standen am 6. Dezember 1992 in einer Reihe, mit Kerzen in den Händen, in den Häusern, überall Licht. Es war die größte Demonstration, die es in München nach dem Zweiten Weltkrieg je gab. Organisiert in nur zwei Wochen, organisiert von vier Münchnern mit Unterstützung durch Hunderte von Helfern. Es war die erste Lichterkette dieser Art in Deutschland, die bald Nachahmer im ganzen Land fand, Hunderttausende in Hamburg, Hunderttausende in Essen, hunderttausend in Nürnberg.

Nicht die Worte von uns Journalisten hatten etwas verändert, es waren die Lichter, die etwas bewirkten – über die Grenzen hinaus, beachtet weltweit.

Der Kirchentag 1993

Im Jahr darauf kamen zur anhaltenden Ausländerfeindlichkeit und weiteren Anschlägen, diesmal in Solingen, Politikerskandale hinzu. Es traf die SPD wie die CDU, es traf den Westen und den Osten: Der schleswig-holsteinische Ministerpräsident Björn Engholm (SPD) trat von allen Ämtern zurück. Er hatte vor dem Parlamentarischen Untersuchungsausschuss zur »Barschel-Affäre« eine Falschaussage gemacht. Bundesinnenminister Rudolf Seiters (CDU) sah sich zum Rücktritt gezwungen, nachdem bei der Festnahme von mutmaßlichen RAF-Mitgliedern in Bad Kleinen zwei Menschen ums Leben gekommen waren. Einer der bekanntesten Politiker aus dem Osten,

Bundesverkehrsminister Günther Krause (CDU), nahm nach einer Vielzahl von Affären seinen Hut. Politische Schlammschlachten waren an der Tagesordnung. Aus dem Wort des Jahres 1992, der »Politikverdrossenheit«, war Politikerverdrossenheit geworden.

Umso überraschender die Stimmung auf dem Kirchentag 1993 in München. Es war Zufall, dass er nur ein halbes Jahr später am Ort der Lichterkette gefeiert wurde, denn mit der Lichterkette hatte der Kirchentag nichts zu tun. Aber die Stimmung, die sie erzeugt hatte, die wirkte nach. Und zeigte sich auch hier. »Nehmet einander an«, hieß die Losung aus dem Römerbrief des Apostels Paulus, und die Menschen »nahmen einander an«.

Vierzehn Jugendliche waren aus Eberswalde gekommen, der Stadt, in der die Serie gewaltsamer Anschläge auf Ausländer ihren Anfang genommen hatte. Für sie war die Kirchentagslosung mehr als eine bloße Theorie, mehr als die Mahnung, auf Fremde zuzugehen. Sie wollten selbst angenommen werden, als normale Jugendliche, die mit Skinheads und Neonazis nichts zu tun haben. Im Wechsel lasen die Vierzehn aus Zeitungsartikeln über den Prozess und zeigten Dias aus ihrer Stadt, die sie mit kurzen Sätzen kommentierten. Es war eine nüchterne, stille und nachdenkliche Darbietung. Und still und nachdenklich wurde auch das Publikum. Erst nach und nach kamen die Reaktionen: »Ich weiß, wovon ihr sprecht, ich komme aus Solingen«, sagte einer. Und ein anderer ergänzte: »Ich habe Angst, dass das nun auch bei uns passiert.« »Ich fühle mich ohnmächtig«, drückte einer aus, was viele dachten, »und das macht mir Angst«.

Wie ein roter Faden zog sich das Thema durch die Veranstaltungen. Die Politik war gefragt. »Wird sich der hier versammelte Protestantismus abfinden mit der modisch gewordenen Politikverdrossenheit?«, fragte stellvertretend für viele Helmut Simon, der frühere Bundesverfassungsrichter und Kirchentagspräsident bei einer Diskussionsveranstaltung mit geladenen Politikern. Es war voll in der Halle, es war stickig und schwül. »Nein«, sagten die Politiker auf dem Podium. »Es gibt weder Übermenschen in der Politik noch ein vollkommenes staatliches Organisationsmodell«, wich Heinz Eggert, der sächsische Innenminister (CDU), zunächst aus. Erhard Eppler (SPD) reagierte schärfer. Die Politik, sagte er, überfordere und unterfordere sich zugleich. Sie überfordere sich, wenn sie vor jedes türkische Haus einen Polizisten stellen wolle, und sie unterfordere sich, wenn sie glaube, sich eine jahrelange Debatte über Asylrecht und Ausländerpolitik leisten zu können. »Uns verdrießt nicht die Politik, uns verdrießt ihre Abwesenheit.« Der Beifall war ihm sicher. Antje Vollmer (Grüne) schließlich wurde konkret: Es sei leicht, sich als Kritiker zu verstehen, sagte sie, aber schwer, sich als verantwortlicher Bürger aktiv am Staatswesen zu beteiligen: »Zum zivilen Ungehorsam, den wir vor zehn Jahren gefordert haben, muss nun ein Zweites kommen: die zivile Einmischung.« Beifall.

Sie waren dort, wo die Eberswalder Jugendlichen zuvor aufgehört hatten: bei der Ohnmacht. Aber Erhard Eppler streute Optimismus. Er sprach von der »Macht der Ohnmächtigen und der Ohnmacht der Mächtigen.« Und das kam an.

Wer beim Kirchentag 1993 dabei war, ging ermutigt davon. Der Kirchentag hatte ein Zeichen setzen wollen. Das war ihm gelungen.

Ein Jahr später wollte auch die Theodor-Heuss-Stiftung ein Zeichen setzen. »Wege aus der Politik(er)verdrossenheit« hieß ihr Thema für die Preisverleihung. Politiker, die den Preis verdient hätten, fand die Stiftung keine. Bei einer Umfrage in der Stiftung und bei den früheren Preis- und Medaillenträgern kam nichts Brauchbares heraus. »Von den großen Stars wussten wir keinen zu nennen«, erinnert sich die Gründerin der Stiftung, Hildegard Hamm-Brücher. Da kam Hans-Jochen Vogel auf die Idee, den Münchner Kirchentag auszuzeichnen, und die Stiftung stimmte zu. »Auf dem Kirchentag gingen die Politiker so miteinander um, wie man es eigentlich immer haben möchte«, begründete Hamm-Brücher später die Wahl, »fair und möglichst sachlich, ausgeglichen und ohne persönliche Animositäten.«

So war es in München. Die Politiker, die gekommen waren, hatten ein Forum gefunden, das Demokratie ernst nahm und keine Parolen duldete.

Darum waren sie gut.

Aktion Sühnezeichen

Mit Aktion Sühnezeichen Friedensdienste bekam ich erstmals zu tun, als ich bei der Stiftung arbeitete, die für die Auszahlungen an ehemalige Zwangsarbeiter verantwortlich war. Neben den Auszahlungen förderten wir in der Anfangszeit ein paar wenige Projekte für Überlebende des Holocaust. Aktion Sühnezeichen war dabei. Ihre Arbeit und ihr Verdienst sind so unumstritten, dass das Kuratorium der Stiftung nicht zögerte, Geld zu bewilligen.

Und das mit gutem Grund. 1958 wurde Aktion Sühnezeichen Friedensdienste auf Anregung des Magdeburger Juristen Lothar Kreyssig gegründet. Seine Motive waren einerseits das Versagen der evangelischen Kirche während der NS-Zeit und andererseits der Widerstand gegen das NS-Regime, der aus Teilen eben dieser Kirche kam, ein Widerstand, dem auch er angehört hatte. Junge Leute sollten für einige Zeit in die ehemaligen Feindesländer und nach Israel gehen, um dort mit praktischer Arbeit um Vergebung zu bitten und ein Zeichen der Versöhnung zu setzen. Aktion Sühnezeichen bot ihre Hilfe nicht an, sondern bat darum, helfen zu dürfen. Die Idee erschien unmöglich und vor allem undurchführbar. Doch entstanden ist ein Dienst, der noch heute lebendig ist. Jedes Jahr schickt der Verein Freiwillige in alle Welt, um die Erinnerung an die NS-Zeit wachzuhalten, um Überlebenden zu helfen und gegen Rassismus zu kämpfen. Tausende junge Leute haben an den Programmen bereits teilgenommen.

Die Arbeit von Aktion Sühnezeichen zu fördern, lag für die »Zwangsarbeiter«-Stiftung auf der Hand. Überlebende des Holocaust zu unterstützen und das mit Hilfe junger Leute, was hätte besser passen können? Doch so leicht dem Kuratorium seine Entscheidung fiel, so schwierig war die Umsetzung für Aktion Sühnezeichen. Nicht bei ihrer Arbeit vor Ort, sondern bei ihrer Arbeit für uns. Die Stiftung »Erinnerung, Verantwortung und Zukunft« ist eine Bundesstiftung, die an schwerfällige Vorschriften gebunden ist. Schließlich geht es um Steuergelder, da muss man präzise beantragen und penibel abrechnen. Der Geschäftsführer von Aktion Sühnezeichen, Christian Staffa, ein idealistischer Pragmatiker durch und durch, konnte einem leid tun. Stunde um Stunde saßen wir zusammen, um die bürokratischen Hürden, die auch wir kaum verstanden, zu nehmen. Auch wir mussten erst lernen, dass Bürokratie zwar notwendig ist, aber nicht in diesem Ausmaß. Zum Glück hat es Aktion Sühnezeichen nicht abgeschreckt, zum Glück für uns hatte das keinen Einfluss auf das Projekt, das zu einem der wichtigsten zählte, die die Stiftung in ihrer Anfangszeit gefördert hatte.

Der 14. September 2001

Dienstag, 11. September 2001: Um 8.46 Uhr New Yorker Ortszeit raste ein Flugzeug mit zweiundneunzig Menschen an Bord in den 96. Stock des World Trade Centers. Zuerst war von einem tragischen Unfall die Rede. Um 9.03 Uhr raste eine weitere Maschine mit fünfundsechzig Passagieren in den zweiten Turm, sie explodierte wie die erste, und die Welt schaute fassungslos zu. Nun spätestens war klar, dass es kein Unfall war, sondern Terror. Keine vierunddreißig Minuten vergingen, und wieder schlug ein Flugzeug ein, im Pentagon in Washington, dem Hauptsitz des US-Verteidigungsministeriums. Um 10.03 Uhr schließlich wurde eine vierte Maschine mit fünfundvierzig Personen an Bord über freiem Gelände zum Absturz gebracht.

Eine Stunde und zwanzig Minuten, und die Welt war erstarrt vor Entsetzen.

Freitag, 14. September 2001, 17 Uhr in Berlin. Eine Kundgebung war geplant, am Brandenburger Tor, eine Kundgebung für die Opfer des 11. September. Wie ein Lauffeuer hatte sich das in Berlin herumgesprochen, und wer konnte, der kam. Auch ich wollte hingehen, unbedingt. Der Sitz der Stiftung »Erinnerung, Verantwortung und Zukunft« lag ganz in der Nähe, aber unsere Zeit war immer knapp. Doch es drängte mich zum Tor. Darum sprach ich den Vorsitzenden der Stiftung, Michael Jansen, darauf an. Er zögerte nicht und sagte sofort: »Gehen Sie hin, gehen Sie hin, auch im Namen der Stiftung.« Und so ging ich. Da stand ich nun vor dem Tor, im Namen der Stiftung, auch für Millionen von Nazi-Opfern. Meine Teilnahme hatte auf einmal ein ganz anderes Gewicht, eine ganz andere Bedeutung, auch wenn niemand das ahnte, es war einerlei.

Zweihunderttausend Menschen waren gekommen, dicht gedrängt standen wir, und es war still auf dem Platz wie noch nie. Die gesamte politische Prominenz war da, Bundespräsident Johannes Rau sprach. Und dann sang Jocelyn B. Smith, die neben ihm stand.

Sie sang *Amazing Grace*, ein geistliches Lied. Ein Kirchenlied in der religionsfernen Stadt. Ganz allein, ohne Begleitung. Ganz allmählich stimmten wir ein, erst wenige, dann viele, und sangen vom Erbarmen Gottes, an den viele auf diesem Platz gar nicht glaubten:

»Amazing grace! - how sweet the sound -
That saved a wretch like me!
I once was lost, but now I am found,
Was blind, but now I see.«

Niemand, der dabei war, wird das je vergessen. Wir waren gekommen, um der Ohnmacht zu entfliehen, um etwas zu tun, und sei es nur, um Solidarität zu üben, um ein Zeichen zu setzen. Und die Ohnmacht war für einen kurzen Moment gewichen.

Die Bürgermeister

Kurz vor der Wende saß ich an meiner Doktorarbeit, auf deren Thema ich eher zufällig gestoßen war. Schon immer hatte ich mich für die DDR interessiert, war schon zu Schulzeiten dort gewesen. Ich kannte das Land nur geteilt, an eine Wiedervereinigung dachte, ja glaubte ich nicht, doch »Deutsch-Deutsches« war mein Ding. So hieß das damals, als die DDR für die Bundesrepublik völkerrechtlich weder In- noch Ausland war. Zu dieser Zeit, Ende der achtziger Jahre, war ich freie Mitarbeiterin im Arbeitsstab Deutschlandpolitik des Bundeskanzleramtes. Es war die Zeit, in der die Städtepartnerschaften zwischen der Bundesrepublik und der DDR begannen, und meine Aufgabe war es, das »zu beobachten«. Das interessierte mich. Denn das war viel mehr als abstrakte Politik, es war Politik an der Basis. Die deutsch-deutschen Städtepartnerschaften wurden zum Thema meiner Doktorarbeit.

Meine Arbeit war fast fertig, als die Mauer fiel. Nach zwei Tagen des Glückstaumelns und Feierns dachte ich plötzlich: Da war doch noch was, da ist doch was. Die Dissertation, natürlich. Ich hatte sie fast vergessen.

Und nun?

Nun gab es zwei Möglichkeiten: Sie sofort abzuschließen, ohne Berücksichtigung der aktuellen Ereignisse, oder weiterzumachen, um zu sehen, was daraus würde, auch wenn es juristisch noch so unerheblich war. Das tat ich.

Ich schrieb allen Bürgermeistern in Ost und in West, mit denen ich die ganze Zeit über in Kontakt gewesen war, und bat sie, so schnell wie möglich einen kurzen

Fragebogen auszufüllen, den ich für sie zusammengestellt hatte. Nur ankreuzen und zurückschicken, ganz einfach.

Doch es kam anders, viel besser. Ich hatte versehentlich einen Briefkopf verwendet, der meine Telephonnummer enthielt. Drei Tage vergingen, und das Telephon stand nicht mehr still. Immer gegen siebzehn Uhr, am Freitag etwas früher, wenn ihr Tagwerk vollbracht war, griffen die Bürgermeister zum Hörer. Man hätte annehmen können, sie hätten anderes zu tun in dieser Zeit, und das hatten sie auch, aber trotzdem riefen sie an. Vergessen war jede Bürokratie, vergessen die Obrigkeit. Siebzehn Uhr, das war unsere Zeit, wochenlang. Es sprudelte nur so aus ihnen heraus, es gab kein Halten mehr, und ich schrieb und schrieb und schrieb. Westdeutsche Kommunen hatten ihre Satzungen kopiert und sie ihren Partnerstädten geschickt. Warum warten, bis der Staat sich kümmert? Schulen tauschten Schüler aus, obwohl die Regierungen noch an einem Abkommen feilten. Warum warten, bis die beiden Staaten es offiziell erlaubten?

Man besuchte sich, man half sich, man baute seine Netzwerke aus. Gab es zur Wendezeit erst vierundsechzig Städtepartnerschaften, waren es bald Hunderte. Waren bis zum Fall der Mauer immer nur zwei Städte verbunden, wurden daraus bald drei oder vier.

Wer dachte, deutsch-deutsche Städtepartnerschaften seien mit dem 9. November 1989 hinfällig geworden, der hatte sich gewaltig getäuscht. Aus den Städtepartnerschaften zweier konkurrierender, ja zuweilen verfeindeter Staaten war die »Verschwisterung im Bruderland« geworden. Und die hält noch immer.

Rudolf Heß und Wunsiedel. Neonazi-Aufmärsche Jahr für Jahr. Und bald hieß es: braunes Wunsiedel. Die Unbeugsamkeit des Hitler-Stellvertreters, seine sechsundvierzigjährige Haftzeit – seit 1966 war er der einzige Häftling im Kriegsverbrechergefängnis Berlin-Spandau, schon das allein war gespenstisch – und sein Suizid am Ende haben ihn zum Märtyrer ungeahnten Ausmaßes gemacht, seine Beisetzung 1988 im Familiengrab in Wunsiedel, wo er nie gelebt hatte, einen ganzen Ort in ein braunes Mekka für Rechtsextremisten verwandelt. Alle anderen in Nürnberg zum Tode verurteilten NS-Kriegsverbrecher waren verbrannt worden, ihre Asche wurde in einem Fluss verstreut. Es sollte keine Pilgerorte geben. Was die Alliierten nach dem Krieg verhindern wollten, traf Wunsiedel vierzig Jahre später mit aller Macht.

August für August trafen sich im oberfränkischen Ort rechtsextreme Anhänger zu Tausenden zum »Rudolf-Heß-Gedenkmarsch«, und schon bald konnte von einem bloßen »Marsch« keine Rede mehr sein. 1991 wurde die Kundgebung verboten. 2001 durften sie wieder marschieren – der Bayerische Verwaltungsgerichtshof hatte keine Gefahr für die öffentliche Sicherheit und Ordnung gesehen, das war der juristische Maßstab gewesen. Prompt kamen ein Jahr später zweitausendfünfhundert und 2004 sogar mehr als fünftausend Rechtsradikale aus ganz Deutschland und Europa. Es waren die größten Neonaziaufmärsche in der Republik, und Wunsiedel hatte wieder seinen verhassten braunen Stempel.

Da war es vorbei mit der Geduld der Oberfranken. Sie wollten nicht länger erdulden, sich nicht länger wegducken und nicht mehr wegschauen. Der neu gewählte Bürgermeister Karl-Willi Beck, die Kirchen, die Bürgerinitiative »Wunsiedel ist bunt – nicht braun«, die politischen Parteien und schließlich die ganze Stadt, sie alle taten sich zusammen, um gegen den braunen Mob zu kämpfen. Ihr Ziel war das endgültige Verbot der alljährlichen Aufmärsche. Im August 2004 setzten sie sich buchstäblich auf die Straße, um die verhassten Rechtsradikalen zu blockieren. Sitzblockaden können strafbare Nötigung sein, das wussten sie, doch das war ihnen egal. Sie brachen das Recht, um das Recht zu bekommen. Die Heß-Anhänger waren perplex, die befürchteten Ausschreitungen blieben aus. Die Berichterstattung in den Medien änderte sich, bundesweit begannen Politiker, sich für das neue, nun bunte Wunsiedel zu interessieren. Nur fünf Monate später, im Januar 2005, wurden fünfzig Wunsiedeler Bürger in den Innenausschuss des Deutschen Bundestags eingeladen. Normale Bürger im Innenausschuss. Das hatte es noch nie gegeben. Kurz darauf verschärfte der Bundestag mit großer Mehrheit das Strafgesetzbuch.

Seither gibt es in Wunsiedel am Todestag von Rudolf Heß keine rechtsradikalen Aufmärsche mehr. Stattdessen veranstaltet der Ort mit seinen Bürgern einen Tag der Demokratie.

»Wer die Demokratie voranbringen will, sollte nicht auf die Erlaubnis dafür warten«, lautet seither das Motto der Stadt. »Das haben wir uns selbst ausgedacht«, sagt Bürgermeister Beck noch heute mit sichtlichem Stolz. Und das mit Recht. Denn am Anfang, fügt Matthias Popp von der Bürgerinitiative »Wunsiedel ist bunt – nicht braun« hinzu, »hatten wir einfach Angst«.

Menschen, die es gibt, für Menschen, die es nicht gibt

»Ein Mensch ist ein Mensch.« Das klingt lapidar, und doch ist es falsch. Es gibt Menschen, die sind keine Menschen, jedenfalls nicht offiziell. Es sind Menschen ohne Papiere, man nennt sie die »Illegalen«. Es sind Menschen, die es nach dem Gesetz nicht gibt. Eine verleugnete soziale Unterschicht.

Es war reiner Zufall, dass ich auf das Thema stieß. Es war im Herbst 1995. Auch wenn alle die Problematik kannten, kaum jemand sprach darüber, kaum jemand schrieb darüber. Für die Bundesregierung war die Frage der »Illegalen« mit der Abschiebung beantwortet. Der »Rest« war irgendwie tabu und galt als Sache der Kirchen, die für die Armen und Verfolgten ja schließlich da sind. Und auf eben diesem Weg kam ich zu dem Thema. Die damalige Migrationsbeauftragte des Berliner Erzbischofs Georg Kardinal Sterzinsky, Schwester Cornelia Bührle – sie war die erste und weltweit einzige Migrationsbeauftragte eines katholischen Erzbischofs –, hatte mich zu einer Fachtagung der katholischen Kirche eingeladen, nach Leipzig, tief im Osten. Es war eine geschlossene Veranstaltung, im geschützten Raum wollte man über »Illegale« sprechen. Ich war die Einzige, die nicht dazu gehörte, und die einzige Journalistin. Erst bei dieser Konferenz erfuhr ich, um wen es in Wahrheit geht, wenn man von »Illegalen« hört, und worin die Problematik eigentlich liegt.

»Illegale« sind Flüchtlinge, die nach Ablauf der Aufenthaltsgenehmigung untertauchen, Menschen, die als billige Arbeitskräfte ins Land geschleust und ausgebeutet werden; Studenten, die nach dem Studium ohne Visum im Land bleiben; Gastarbeiter, wie sie früher hießen, die nie in ihre Heimat zurückgekehrt sind; nachgezogene Familienangehörige und nicht zuletzt viele Frauen, die von dubiosen Vermittlern mit falschen Versprechungen nach Deutschland gelockt werden und nicht selten als ausgebeutete Haushaltshilfen enden oder zu elender Prostitution gezwungen werden. Der Gesetzgeber ignoriert sie. Für ihn existieren sie nur, wenn es gilt, sie zu bestrafen, sie auszuweisen, sie abzuschieben: Menschen im Untergrund gehören nicht in unser Land.

Für eine Weile geht es gut, dann brauchen sie Hilfe, wie jeder einmal Hilfe braucht. Sie werden krank wie alle und brauchen einen Arzt. Sie kommen in Schwierigkeiten wie viele und brauchen einen Anwalt. Sie haben oft kein Obdach und brauchen eine Unterkunft. Sie haben Kinder wie wir, und die sollen lernen und zur Schule gehen, doch in den meisten Bundesländern dürfen sie das nicht. Gegen alle Regeln wird ihnen trotzdem geholfen. Und das in einem Land, in dem Ungeregeltes undenkbar scheint. Denn es gibt Ärzte und Anwälte, Lehrer und Pfarrer, denen Papiere egal sind, weil »Illegale« Menschen sind wie andere auch. Sie verlangen kein Honorar oder finanzieren sich durch Spenden, sie wollen keine Gegenleistung, sie tun es aus Nächstenliebe oder aus Mitleid, sie tun es, um ihr Image unter Kollegen aufzupolieren oder einfach nur so. Sie tun, was fast jede Religion, aber auch der gesunde Menschenverstand uns sagt: Sie helfen. Und machen sich damit strafbar. Denn ihr Helfen ist illegal.

Doch das ist ihnen egal.

All dies erfuhr ich bei der Tagung im Herbst 1995. Ich hatte Feuer gefangen. Ich begann zu recherchieren und schrieb einen Artikel im Berliner *Tagesspiegel* darüber, den »Weizsäcker-Artikel«, wie ihn der Berliner Erzbischof später nannte. Inzwischen hat sich einiges getan. Längst ist nicht mehr bloß von Abschiebung die Rede, wenn es um »Illegale« geht. Heute wollen viele Politiker, dass Kinder ohne Aufenthaltsrecht offiziell zur Schule gehen können, ohne Gefahr zu laufen, von der Schulleitung als »Illegale« gemeldet zu werden. Andere denken über einen anonymen Krankenschein nach, um kranke Menschen ohne Aufenthaltsstatus zu versorgen und die Ärzte aus ihrer rechtlichen Grauzone zu befreien.

Wenn das nichts ist!

Hamburger Spendenparlament

Ohne Spenden funktioniert das System nicht, und viele Menschen spenden gern. Doch manche sind misstrauisch geworden. Die Verschwendung von Spendengeldern und die mangelnde Transparenz bei der deutschen Sektion von Unicef hatten das Thema zeitweise in Verruf gebracht. Dass es auch anders geht, transparent und effektiv, zeigt das Hamburger Spendenparlament, das seit 1996 besteht.

Jeder Bürger, der einen bestimmten Jahresbeitrag zahlt, hat Sitz und Stimme in diesem Parlament. Sie bestimmen selbst, was aus den Spenden wird, und sie sind selber dafür verantwortlich. Spenden werden nur an nachhaltig wirkende soziale Programme gegen Obdachlosigkeit, Armut und Einsamkeit und nur in Hamburg vergeben.

Es ist das einzige Parlament in Deutschland, das ohne Fraktionszwang funktioniert. Hier wird nichts hinter verschlossenen Türen entschieden, nichts in kleinen, unkontrollierten oder unkontrollierbaren Gremien, es wird demokratisch beschlossen, und alles ist transparent. Alles ist öffentlich, auch die Sitzungen selbst. Das zahlt sich nicht nur für die Projekte, die gefördert werden, aus, es ist Demokratie »at its best«. Es ist, wie Klaus von Dohnanyi einst sagte, ein »Parlament, das nur Gutes tut«. Als ehemaliger Bundesminister für Bildung und Wissenschaft und Erster Bürgermeister von Hamburg weiß der SPD-Politiker, wovon er spricht.

Initiator des Spendenparlaments war der Theologe Stephan Reimers, der früher Hamburger Landespastor und Chef des Diakonischen Werkes war und später Bevollmächtigter des Rates der Evangelischen Kirche in Deutschland beim Bund in Berlin. Und trotzdem ist das Parlament konfessionell nicht gebunden. Es ist unabhängig und politisch und weltanschaulich neutral.

Inzwischen hat das älteste deutsche Spendenparlament mehr als dreitausendfünfhundert Mitglieder aus allen Bevölkerungsschichten. Und Nachahmer in vielen anderen Städten. Zu Recht. Denn es ist beispielhaft.

Common Purpose

Frank Trümper ist ein interessanter Mann und witzig obendrein. Seine berufliche Laufbahn steckt voller Überraschungen. Er studierte Geschichte, Philosophie und Volkswirtschaft in Hamburg, Frankfurt am Main und in London. Er war Geschäftsführer der Bertelsmann-Stiftung und später des S. Fischer Verlags. Dann wurde er Mitglied des Vorstands der Deutsche Bank Stiftung.

Seit 2006 ist er Geschäftsführer von Common Purpose in Deutschland. Im Oktober 2007 war er Gast auf einem Podium, das ich moderierte. Anlass war das zwanzigjährige Bestehen der Weiße Rose Stiftung in München. Ich musste ihn also vorstellen, und das war alles andere als leicht. Wie konnte ich in wenigen Worten beschreiben, was Common Purpose tut? Kurze Sätze reichen dafür nicht, so beließ ich es bei Trümpers Vita. Das war nicht weiter schlimm, denn es ging – wie bei allen anderen auf dem Podium – nicht um seinen Beruf, sondern um ihn als Person. Ein bisschen schade war es schon, denn was Common Purpose macht ist gut, richtig gut.

»Common Purpose«, heißt es auf der Homepage, »fördert Leadership für das Gemeinwohl«. »Common Purpose« heißt wörtlich »gemeinsame Absicht«, eigentlich aber »gemeinsame Sache«. Gemeinsame Absicht und gemeinsame Sache ist es, das ehrenamtliche Engagement von Berufstätigen in einer Stadt zu fördern, vom Sozialarbeiter bis zum Bankdirektor, vom Unternehmer bis zum Umweltaktivisten, vom Kulturpolitiker bis zur Polizei. Sie alle sollen Verantwortung in der eigenen Nachbarschaft übernehmen. Sie sollen mehr sein als »effektive Führungskräfte«, nämlich »aktive Verantwortungsträger für die Gesellschaft«. Dafür werden sie geschult. Finanziert wird die Sache mit ziemlich hohen Teilnehmergebühren und Spenden.

Das klingt abstrakt und ein bisschen trocken, es ist es aber nicht. In Hamburg zum Beispiel bringen Abend für Abend Mitarbeiter der Fluggesellschaft nicht gelesene Zeitungen in die Haftanstalt Fuhlsbüttel, um sie kostenlos an die Gefangenen zu verteilen. Früher wurden die Zeitungen weggeworfen. In Frankfurt am Main hat das internationale Theater einen Theaterkurs für Migrantenkinder organisiert. Finanziert wird es von einer Bank. In derselben Stadt ist ein Projekt entstanden, um jungen Schulverweigerern zu helfen. Eine Hauptschulleiterin macht mit.

Nicht wegschauen, sondern hinsehen, sich einmischen und etwas tun, nicht streiten, sondern miteinander reden, heißt die Devise des gemeinnützigen Vereins. Das klingt selbstverständlich in einer bürgerlichen Gesellschaft. Doch entgegen aller Erwartung hat Common Purpose eine Marktlücke entdeckt. Julia Middleton, die Initiatorin der Organisation, die 1989 in England gegründet wurde und die es inzwischen in mehr als siebzig Städten in zwölf Ländern gibt, darunter auch in Deutschland, erklärt das so: »Viele Mitarbeiter von Unternehmen wollen gern etwas tun, wissen aber nicht genau, wo und wie.« Sie spricht von Berührungsängsten und fehlenden Programmen.

Es war nicht leicht, die Idee umzusetzen. Zusammen mit der Wirtschaft die Aufgaben von Staat und Gesellschaft lösen?, fragten sich manche. Auch Unternehmer waren skeptisch. Sie sollten Mitarbeiter freistellen und deren Schulung auch noch bezahlen? Selbst Politiker, die ehrenamtliches Engagement sonst gerne loben, beäugten die ganze Sache mit ziemlicher Distanz. Das sollte Politik sein?

Genau so ist es, sagt Frank Trümper. Mit dem Programm steige die Zahl derer, die sich für Politik interessieren. Mehr als dreitausend Menschen machen Jahr für Jahr bei den Kursen mit. Inzwischen ist ein Netzwerk von zwanzigtausend ehemaligen Teilnehmern entstanden. Niemand wolle den Staat ersetzen und schon gar nicht die

Politik, betont Frank Trümper. Mit deren Methoden ließen sich nur manche Probleme nicht mehr lösen. Und genau da setze man an. Über alle Parteigrenzen hinweg und keiner anderen Organisation verpflichtet, will der Verein praktische Probleme praktisch lösen. Und es klappt. Es funktioniert selbst in der Zeit der Wirtschaftskrise, in der die Teilnahmegebühr von bis zu viertausendfünfhundert Euro besonders schmerzt und sich mancher Arbeitgeber besonders schwertut, seine Angestellten für ein Ehrenamt freizustellen. Bei Common Purpose aber geht das Konzept auf. Denn die Wirtschaft weiß, was sie daran hat.

Bürgerbeteiligung fördern und damit Geld verdienen, das schafft nicht jeder.

Die Fußballfans aus Dresden

Ich bin Fußballfan. Wann immer es geht, schaue ich mir Spiele an. Wer sich für Fußball interessiert, kennt sie alle, die berühmtesten Clubs: FC Barcelona, Manchester United, Real Madrid, AC Mailand, Inter Mailand, FC Chelsea London, Juventus Turin und wie sie alle heißen. Auch die deutschen natürlich: Werder Bremen, Bayern München, Schalke 04, Hertha BSC, Stuttgart, nun auch Wolfsburg und so weiter.

Einen Club aber kennen auch die, die sich nicht für Fußball interessieren: den 1. FC Dynamo Dresden. Ausschreitungen vor und nach den Spielen, randalierende Hooligans, Gewalt gegen Fans und selbst gegen die Fußballspieler des eigenen Vereins – das hat Dynamo Dresden über die Grenzen Sachsens bekannt gemacht, nicht der Fußball.

Da schaute niemand gerne hin.

Einmal war ich da – nicht um ein Fußballspiel zu sehen, sondern um Fans kennenzulernen – genauer gesagt: eine besondere Gruppe von Fans. Fans, die etwas gegen die Gewalt unternahmen. Fans, die genug von der Szene hatten, die die Stigmatisierung der jugendlichen Dynamo-Dresden-Fans loswerden wollten, die sich und die anderen schützen und aus Fußballspielen wieder richtige Fußballspiele machen wollten, ohne Gewalt und ohne Rassismus. Im März 2003 setzten sie sich mit anderen Faninitiativen, Vertretern der Kommune, mit Bürgern und der Sportjugend Dresden zusammen und gründeten ihr Projekt. Es sollte ein sozialpädagogisches Projekt werden, das sich nicht damit abfand, nur mit Stadionverboten zu reagieren, wie es sonst üblich ist, sondern sich um die Fans kümmert, vor allem die jungen. Man wollte sich außerdem nicht bloß auf das Verhalten der gewalttätigen Fans vor und nach den Spielen beschränken, sondern auch ihr Umfeld jenseits des Fußballplatzes einbeziehen: Probleme in den Familien, Schwierigkeiten am Ausbildungs- oder Arbeitsplatz, Ausländerfeindlichkeit, Jugendarbeitslosigkeit, Alkohol und Drogen. Nicht Repression, sondern Prävention war ihr Ziel. Das klingt einleuchtend und einfach. War es aber nicht.

Denn es war neu, dass sich jemand so umfassend mit den Randalierern befasste, sie nicht ausschloss, sondern einbezog, ja sogar einlud in ein Haus, das eigens für die Fans gemietet und hergerichtet worden war.

Und es war gefährlich. Denn natürlich änderte die Idee allein das Verhalten der Fans nicht. So eine Arbeit braucht Zeit – und Einsatz; nicht nur zeitlichen, sondern auch körperlichen. Immer wieder wurden Projektmitarbeiter von randalierenden Fans verprügelt, wenn sie etwa zwischen ihnen und der Polizei vermitteln wollten. Doch sie ließen nicht locker. Und Stadt und Land belohnten ihren Einsatz: Sie gaben Geld. Allmählich beruhigte sich die Szene – und die Finanzierung lief aus. Wie das so ist bei solchen Projekten: in der Pilotphase gibt es Geld, und wenn es dann läuft, laufen die Fördermittel aus. Binnen Kurzem hatte das Projekt auf eine ziemliche Erfolgsgeschichte blicken können, nun stand es vor dem finanziellen Aus.

Schon als ich das Fanprojekt bei der Studienfahrt der Bayerischen Landeszentrale für Politische Bildungsarbeit im Juni 2007 kennenlernte, dachte ich: die müsste man eigentlich einmal auszeichnen. Ein Jahr später war es so weit. Die Theodor-Heuss-Stiftung suchte Preis- und Medaillenträger, und als Vorstandsmitglied der Theodor-Heuss-Stiftung schlug ich sie vor.

Als Thema hatten wir »Sicherheit stärken – Bürgerrechte sichern« gewählt. Angesichts der immer größer gewordenen Gesetzesflut, die die »Sicherheit stärken« sollte um den Preis, dass immer mehr Freiheits- und Bürgerrechte auf der Strecke blieben, wollten wir ein Zeichen setzen.

Einen Preisträger zu finden, war leicht. Gerhart Baum, der frühere FDP-Bundesinnenminister, der sich schon immer für Datenschutz und Bürgerrechte eingesetzt und gerade in der Zeit vor der Preisverleihung mehrfach erfolgreich in Karlsruhe geklagt hatte, war schnell »gesetzt«. Auch die meisten Medaillen waren rasch entschieden. Die Empfänger waren klassische Verfechter von Datenschutz und Bürgerrechten. Als ich als weiteren Medaillenträger das Fanprojekt Dresden ins Spiel brachte, war die Überraschung groß: Wie!? Ein Fußball-Fanclub!? Ich sehe die verwirrten Gesichter noch vor mir. Doch stärkte der Verein nicht buchstäblich die Sicherheit, und sicherte er nicht dadurch buchstäblich auch Bürgerrechte? Das schien einzuleuchten. Vorstand und Kuratorium stimmten zu.

Nie werde ich vergessen, wie die Vertreter des Projekts zur Preisverleihung kamen, allen voran eine junge Frau. Noch nie waren sie in Stuttgart gewesen, noch nie hatten sie so einen festlichen Rahmen erlebt, noch nie so viel Prominenz gesehen. Und schon gar nicht standen sie je so im Mittelpunkt, die Augen Hunderter Gäste und viele Kameras auf sich gerichtet. Der kleine Verein aus Dresden war auf einmal bekannt. Tage und Wochen war es das Thema in der Dresdner Fußballgemeinde.

Und offenbar nicht nur dort: Denn auf einmal sprudelte das Geld von Stadt und Land wieder. Seine Zukunft war vorläufig gerettet.

Das Netzwerk Weiße Rose

Schulen haben nicht selten einen schlechten Ruf. Daran ist vieles wahr, aber es stimmt nicht immer. Es gibt mehr Schulen, als man glaubt, die ganz Erstaunliches leisten. Die sich ihrer Verantwortung bewusst sind und Verantwortung übernehmen. Die sich einsetzen. Die die deutsche Geschichte mit ihrem dunkelsten Kapitel nicht nur unterrichten, um Wissen zu vermitteln, sondern damit Lehren daraus gezogen werden. Die nicht wegschauen und den Lernstoff durchpauken, sondern die Schüler fordern und ihren Charakter formen. Die nicht nur reden, sondern auch handeln.

Im »Netzwerk Weiße Rose« sind viele solcher Schulen gebündelt, und das hat seinen Grund. Es ist ein Projekt der Weiße Rose Stiftung e.V. in München. Die Weiße Rose, die studentische Widerstandsgruppe um Hans und Sophie Scholl, Willi Graf, Christoph Probst und andere, ist vielen noch immer ein Begriff. Das liegt nicht nur am mutigen Einsatz der Mitglieder, den sie mit ihrem Leben bezahlt haben, das liegt auch daran, dass sie jung waren. Jung und unerschrocken. So lange das auch her ist, sie sind noch immer Vorbilder für junge Leute. Darum wurden etliche Schulen nach ihnen benannt, nicht nur im Westen, sondern auch früh schon in der DDR. Bis heute lassen sich Schulen umbenennen, um ihrem Programm einen Namen zu geben, einen Namen, der zieht, einen Namen, der verpflichtet.

Als man mich fragte, ob ich dabei helfen wollte, das Netzwerk zu gründen, zögerte ich keine Minute. Auf einer Internetplattform sollten Projekte präsentiert werden, um zu zeigen, was die Schulen im Sinne der Namensgeber tun, um Mut zu zeigen und Mut zu machen. Die Idee begeisterte mich sofort. Nach der Arbeit für die Überlebenden des Holocaust in der Stiftung zur Entschädigung ehemaliger Zwangsarbeiter in Berlin stand für mich nun die Jugend im Mittelpunkt. Die Gegenwart. Die Zukunft.

Ihrem Namen verpflichtet fühlen sich alle. Es sind Schulen, die sich künstlerisch mit der NS-Zeit befassen, in Ausstellungen, Theater- oder Filmprojekten. Es sind Schulen, die sich gegen Ausländerfeindlichkeit engagieren, auch dann und erst recht, wenn sie von Neonazis angefeindet werden. Es sind Schüler, die an Geschichtswettbewerben teilnehmen, und andere, die die politische Debatte üben. Schulen und Schüler erforschen Geschichte, bei sich zu Hause, direkt vor Ort, finden heraus, wo Opfer des Nationalsozialismus wohnten, verlegen vor deren Häusern Stolpersteine, und sei es auch gegen den erbitterten Widerstand des Ortes; sie spüren Zeitzeugen auf, die oft längst im Ausland leben, und schließen Freundschaft mit ihnen; andere geben namenlosen Helden des Alltags einen Namen. Von einer wird später noch zu reden sein, von einer der Gründungsschulen des Netzwerkes, die gar keine Namensträgerschule ist.

Es sind Schulen, die schon etliche Preise bekommen haben, und Schulen, die kaum einer kennt. Sie alle sehen sich als Erben der Weißen Rose, sie alle handeln nach dem Motto, das die Stiftung für das Netzwerk von meinem Vater Richard von Weizsäcker übernommen hatte, der 1994 im Zusammenhang mit der Weißen Rose schrieb: »Jeder ist verantwortlich für das, was er tut, und mitverantwortlich für das, was er geschehen lässt.«

Die Schulen im Netzwerk Weiße Rose wissen das. Darum handeln sie.

Die politischen Onliner im Internet

Politiker tun sich schwer, sich im Internet zu präsentieren. Das hatten wir schon. Politisch Interessierte nicht. Schon längst sind es nicht nur die Jungen, längst sind es viel mehr.

Die Online-Petition

Wie stark sich die Menschen im Netz politisch engagieren, zeigte im Mai 2009 eine Online-Petition an den Bundestag. Sie richtete sich gegen den Plan der Bundesregierung, den Zugang zu kinderpornographischen Seiten im Internet zu sperren. Ausgerechnet! Man könnte meinen, die meisten fänden das richtig. Doch auf der Webseite des Bundestages hatte sich ein Sturm der Entrüstung erhoben. Innerhalb von nur vier Tagen beteiligten sich mehr als fünfzigtausend User an der Petition – so etwas hatte es bislang noch nicht gegeben. Nicht, weil sie Kinderpornographie etwa duldeten, auch nicht, weil sie das Ziel der Bundesregierung falsch fanden, die Verbreitung von Kinderpornographie im Internet zu stoppen, sondern weil sie die heimliche Zusammenarbeit des Bundeskriminalamtes mit den Providern ablehnten; weil sie es falsch fanden, den Zugang zu den Seiten, nicht aber die Seiten selbst zu sperren; weil sie es ablehnten, dass die Daten jedes Nutzers erfasst werden sollten, der vielleicht auch nur aus Versehen oder zufällig auf eine Stopp-Schild-Seite gelangt, so dass jeder von ihnen unter Generalverdacht gestellt werden konnte. Vor allem aber, weil sie eine schleichende Zensur im Internet befürchteten, eine Zensur, die schnell nicht nur Kinderpornographieseiten betreffen könnte. Schon bald hatte das Vorhaben Begehrlichkeiten bei anderen geweckt, bei Kritikern von Seiten mit verfassungsfeindlichem oder islamistischem Inhalt zum Beispiel, auch wenn der Inhalt unter die Meinungsfreiheit fällt.

Die Politiker waren geschockt. Sie zeigten sich »sehr betroffen« und konnten es »absolut nicht verstehen«.

Prompt rückte Bundeswirtschaftsminister zu Guttenberg die Kritiker in die Nähe von Kinderschändern. Mit dieser Aktion hatte nicht nur er nicht gerechnet. Nun musste sich der Bundestag mit der Petition befassen. Bis zur öffentlichen Anhörung hatte sich die Zahl der Unterzeichner im Internet mit knapp einhunderttausend fast verdoppelt.

Man muss ihre Kritik nicht in allen Punkten teilen, aber beeindruckend war das politische Engagement allemal. Und es hat weit mehr bewirkt als die Debatte über die Kinderpornographie selbst.

Denn die Reaktion der Politiker auf die Online-Petition zeigte vor allem eines: wie weit sie vom Internet entfernt sind. Der Schock, den die Petition bei manchen Politikern auslöste, lag nicht nur am Inhalt. Es war auch ein Schock über die Möglichkeiten, ja die Macht des Internets selbst.

Dabei hätten sie gewarnt sein können. Zwei Jahre zuvor hatten mehr als dreißigtausend Bürger via Internet gegen das Gesetz zur Vorratsdatenspeicherung geklagt. Es war die größte Verfassungsbeschwerde aller Zeiten. Mit dem Gesetz wollte die Regierung die Telekommunikationsunternehmen zu einer Speicherung aller Daten verpflichten, damit der Staat sie für eigene Zwecke nutzen konnte. Die Klage hatte durchaus Erfolg. In einer Eilentscheidung vom 19. März 2008 stoppte das Bundesverfassungsgericht wesentliche Teile des Gesetzes. Es schob der allumfassenden staatlichen Nutzung der persönlichen Daten einen Riegel vor.

Wer die Augen vor dem Internet verschließt oder mit Zensur reagiert, der hat nichts verstanden. Demokratie im Internet ist ein Gewinn für die Demokratie, keine

Gefahr. Demokratie im Netz ist alles andere als einfach, aber wichtig, und aufpassen muss jeder.

Wer im Internet einen rechtsfreien Raum sieht, versteht nichts von Juristerei. Selbstverständlich ist online verboten, was auch offline nicht erlaubt ist. Wer in der virtuellen Welt den Holocaust leugnet, wird ebenso verfolgt wie der, der das im »wahren Leben« tut. Wer im Web Kinderpornos kauft, macht sich genauso strafbar, wie der, der solche Bilder auf einer DVD erwirbt.

Wer im Internet gar eine Bedrohung der bisherigen Ordnung sieht, der verkennt die Welt. Der fördert nur den Konflikt mit denen, für die das Internet zum normalen Alltag gehört wie das Telephon für ihre Eltern; die das Netz als »ihren« Raum, ja als Lebensraum ansehen; die die Sprache der Politiker schon lange nicht mehr verstehen, sich nicht ernst genommen oder ausgeschlossen fühlen, weil die Themen, die sie interessieren, in der Politik kaum vorkommen. Wer das alles ignoriert und gar behauptet, die User seien unpolitisch, dumm und ignorant, wer meint, das alles sei – weil »nur« online – sowieso ohne Belang, verdrießt nicht bloß Bürger und verprellt nicht nur Wähler, er befördert einen Kulturkampf und schürt einen bösen Zwist: einen virtuellen Generationenkonflikt, der weit ins wirkliche Leben hineinreicht. Das kann niemand wollen.

Dass junge Onliner nicht nur politisch sind, sondern sich auch politisch organisieren, zeigt die »Piratenpartei«, die sich als Interessenvertreterin gerade dieser Gruppe versteht. Von den Alten wegen des Namens bislang nur verhöhnt, hoffen die Jungen auf sie. Nicht, um kostenlos Musik aus dem Internet zu laden, sondern vor allem, weil sich die Partei aus ihrer Sicht um »ihre« Themen kümmert: um Datenschutz und Bürgerrechte, um Informationsfreiheit und Zensur. Und wer weiß? Früher war Umwelt – und die Grünen entstanden. Heute ist Internet – und die Piraten stehen bereit. Bei der Europawahl erhielten sie in Schweden, ihrem Stammland, 7,1 Prozent und damit ein Mandat im Europäischen Parlament. In Deutschland erreichten sie auf Anhieb 0,9 Prozent. Bei der Juniorwahl, die parallel zur Europawahl in allen Bundesländern und weltweit an allen Deutschen Auslandsschulen abgehalten wurde, kamen sie auf 7,5 Prozent und lagen nur knapp hinter der FDP. Das ist zwar nicht repräsentativ, aber ein Trend allemal. Seit der Online-Petition jedenfalls ist der Zulauf enorm.

Wenn schon die Massenklage 2007 bei den Polit-Profis nichts bewirkt hat, war die Online-Petition 2009 eine hoffentlich heilsame Lehre. Es kursieren Gerüchte, dass Familienministerin Ursula von der Leyen, die die Internetsperren für Kinderpornographie-Seiten ins Spiel gebracht hatte, sich anfangs geweigert haben soll, das Anliegen der Onliner zur Kenntnis zu nehmen. Doch das hat sich geändert – reichlich spät. Eines jedenfalls hat die Petition erreicht: Dass endlich und erstmals ernsthaft über das Internet gesprochen wurde. Über die Freiheit darin und die Gefahren daran. Das war überfällig.

Abgeordnetenwatch

Wie intensiv die Menschen das Internet nutzen, um nicht nur ihre politische Meinung zum Ausdruck zu bringen, sondern auch Politiker zu testen, zeigt das Internetportal www.abgeordnetenwatch.de. Die Seite hat mit Wahlen nichts zu tun. Sie macht keinen Wahlkampf, sondern ist politisch neutral. Hier gibt es nicht nur Informationen über die Abgeordneten und ihr Abstimmungsverhalten im Bundestag, hier können die Bürger ihre Volksvertreter direkt befragen und sie zur Rede stellen oder eigene Vorschläge machen. Und das tun immer mehr. Ob Umsatzsteuer für das Schulessen oder der Gasstreit zwischen der Ukraine und Russland, ob Teilprivatisierung der Bahn oder sexuelle Ausbeutung von Kindern, ob Afghanistan oder die elektronische Gesundheitskarte, ob Menschen- und Frauenrechte oder Verbraucherschutz – alles wird thematisiert. Was immer gefragt, was immer geantwortet wird, alles ist öffentlich und für alle sichtbar.

Ende 2004 hatte das Projekt in Hamburg begonnen, als weltweit einzigartige Initiative. Längst existiert es bundesweit. Die Online-Ausgaben von *Spiegel* und *Stern*, der *Süddeutschen Zeitung* und der *Welt*, dem *Tagesspiegel* und der *Frankfurter Rundschau* sind inzwischen Medienpartner des Projekts, denn sie haben erkannt, dass die Plattform auch ihnen zugute kommt. Zweimal schon wurde abgeordnetenwatch.de in die Endrunde des Grimme-Online-Awards gewählt, 2005 und 2007. Ob es daran liegt oder an etwas anderem: Neunzig Prozent der Politiker lassen sich inzwischen darauf ein. Im Jahr 2008 wurden siebenundzwanzigtausend Fragen gestellt und dreiundzwanzigtausend davon beantwortet. Lebhaft ist es allemal.

Und ungemütlich bisweilen auch. Carl-Eduard von Bismarck erklärte 2007 seinen Rücktritt, nachdem bekannt wurde, dass er bei wichtigen Sitzungen im Bundestag immer fehlte. Durch hartnäckige Fragen auf abgeordnetenwatch.de wurde das bekannt und sogleich von den Medien aufgegriffen. Der »faulste Abgeordnete« Deutschlands musste gehen – zum Nutzen für die Wähler, zum Schaden für Bismarck.

Auch wenn die Folgen nicht immer so drastisch sind: eine »Gefahr« für die Politiker ist die Plattform immer. Denn abgeordnetenwatch.de ist ein großes Wählergedächtnis. Die Antworten sind auf der Website gespeichert. Da kann man auch nach der Wahl bei jedem Einzelnen sehen, was er vor der Wahl gesagt hat.

Manchem Abgeordneten ist das Ganze ziemlich lästig. Selbst Dieter Wiefelspütz, dem ruhigen und besonnenen SPD-Mann und begehrtesten, aktivsten Politiker bei abgeordnetenwatch.de, platzte einmal der Kragen. Er sei von »lebendigen Wählern und nicht von abgeordnetenwatch.de« in den Bundestag gewählt worden. Da hat er zwar recht, denn die Plattform lebt in der virtuellen Welt des Internets. Aber dahinter stecken Menschen. Ja, auch Onliner sind lebendige Menschen. Menschen, die sich nicht nur für Politik interessieren, sondern auch mitreden wollen, was ihnen die Parteien verwehren. Und Menschen, die wählen. Gerade Onliner sind meist besonders interessiert und engagiert.

Diese Form der Demokratie heißt zwar E-Demokratie, E wie Elektronisch. Aber gestaltet wird sie von Menschen. Das mag man mögen oder nicht: Es ist so. Es ist eine lebendige Teilnahme an der Demokratie.

An der müsste eigentlich allen gelegen sein. Auch wenn es zuweilen lästig ist.

Die Einzelnen

In jedem Beispiel der Vielen stecken Einzelne. Es gibt keine Gruppe ohne die Einzelnen. Jeder Einzelne kann etwas ausrichten, kann verändern und politisch wirken. Jeder hat das Potenzial, jeder trägt es in sich. Dafür braucht man nicht immer die Vielen. Dafür braucht man keine Gruppe und auch nicht die Parteien, dafür braucht man nur sich selbst. Grund und Anlass gibt es genug und Beispiele auch; prominente wie unbekannte. Die Einzelnen verbindet das Gleiche wie die Vielen: das Leben und die Politik. Auch sie sind der Politik zuweilen ziemlich zu Leibe gerückt, manchmal mit Absicht, manchmal auch nicht. Auch sie haben zuweilen deutliche Zeichen gesetzt – unübersehbar und wirkungsvoll. Auch sie machen Lust auf Einmischung, machen Lust auf Politik.

Nelson Mandela

Nelson Mandela heißt mit zweitem Vornamen Rolihlahla. Wörtlich übersetzt bedeutet das: »am Ast eines Baumes ziehen«, umgangssprachlich: »Unruhestifter«. Wie sehr dieser Name das Leben Mandelas prägen, ja, wie wahr er einmal werden würde, konnte Mandelas Vater 1918 nicht ahnen. Nelson Mandela war einer, der kam an die Macht und hielt nicht daran fest – so etwas kannte ich von deutschen Politikern nicht. Auch darum bewundere ich ihn bis heute. Aber vor allem seinen Mut.

Schon als junger Student kämpfte Mandela gegen die weiße Minderheitenregierung. 1942 trat er dem African

National Congress, dem ANC, bei. 1956 wurde er wegen Hochverrats angeklagt, doch bald wieder freigesprochen. Nachdem im Jahr 1960 in Sharpeville unbewaffnete Demonstranten erschossen und der ANC verboten worden waren, entschloss sich Mandela, der stets Gewaltverzicht befürwortet hatte, zum bewaffneten Kampf. Er trat dem bewaffneten Flügel des ANC bei. Ein Jahr später war er ihr Anführer. Verhaftung und lebenslange Haftstrafe waren die Folge. Im Februar 1985 bot man ihm die Freilassung an – unter der Bedingung, auf den bewaffneten Widerstand zu verzichten. Doch Mandela lehnte ab. Er blieb im Gefängnis.

Fast drei Jahrzehnte Gefangenschaft haben Mandela nicht gebrochen. Auch im damals berüchtigtsten Gefängnis Südafrikas auf der weit abgelegenen Insel Robben Island, die ausschließlich politischen Häftlingen vorbehalten war, wo die Gefangenen im Steinbruch arbeiten mussten und die Schwarzen schlechter behandelt und schlechter ernährt wurden als die Weißen und auch im Winter kurze Hosen tragen mussten, blieb Mandela, der achtzehn Jahre dort verbrachte, seinem Motto treu: »Der Kampf ist mein Leben.« Er organisierte Proteste und Streiks und hatte Erfolg. Die Bedingungen wurden besser. Selbst Bildung war möglich. Mandela nutzte dies, studierte viel und schrieb den ersten Teil seiner Memoiren *The Long Walk to Freedom*. Auch die anderen Gefangenen rief er auf, sich fortzubilden, und sie taten es. Schon bald machte das Wort von der »Mandela-University« die Runde. Selbst das weiße Bewachungspersonal nahm daran teil.

Als Mandela am 11. Februar 1990 nach fast dreißigjähriger Haft endlich freigelassen wurde, nahm er den

Kampf sofort wieder auf. Noch am selben Tag sprach er im Stadion von Soweto von einer neuen Politik der Versöhnung. Und hundertzwanzigtausend Menschen hörten ihm zu.

Staatspräsident Frederik Willem de Klerk hatte Mandelas Freilassung nach immer stärker werdendem internationalen Druck und immer massiveren Kampagnen des ANC angeordnet. Auch das Verbot des ANC hob er auf. 1993 erhielten Mandela und de Klerk den Friedensnobelpreis. Ein Jahr später gewann der ANC die ersten freien Wahlen in Südafrika. Und aus Nelson Rolihlahla Mandela, dem »Unruhestifter«, der sein Leben lang »am Ast eines Baumes gezogen« hatte, wurde der erste schwarze Präsident Südafrikas.

Doch er blieb, wie er war: bescheiden. Er war nicht nachtragend wegen der Haft, noch interessierte er sich für die Privilegien der Mächtigen. Ihm ging es nicht um die Macht, sondern um seine Mission: »Vergebung statt Hass«, wie er seine Antrittsrede 1994 nannte. Seine Mission hatte sich erfüllt. Vier Jahre später verzichtete Mandela auf seine Wiederwahl.

Ein Verzicht auf die Macht, weil das Ziel erreicht ist – das sollten sich deutsche Politiker einmal zum Vorbild nehmen.

Muhammad Yunus

2007 begann die Zeit der größten Finanzkrise seit 1929. Faule Kredite, gierige Banken und überschuldete amerikanische Hausbesitzer waren die Auslöser, Pleiten und Kursstürze die Folge. Misstrauen ging um. Keine Bank wollte der anderen mehr Kredite geben, die US-Notenbank senkte den Leitzins schließlich auf fast null Prozent, um die Wirtschaft anzukurbeln. Das klassische Banken- und Kreditsystem hatte gründlich versagt.

Dass eine Kreditvergabe mit relativ hohen Zinsen erfolgreich sein könnte und dabei auch noch Gutes bewirkt, wäre in dieser Zeit undenkbar gewesen. Doch die Kredite von Muhammad Yunus belegten das Gegenteil.

In den siebziger Jahren hatte der Bengale eine Bank gegründet, die Kredite mit hohen Zinsen vergab, Kleinstkredite ausgerechnet für Mittellose, Kleinstkredite ausgerechnet für die Ärmsten der Armen, für Menschen in Bangladesh, seiner Heimat. Ausgerechnet Bangladesh, das meine Generation spätestens seit 1971 durch das legendäre, von Ex-Beatle George Harrison initiierte »Concert for Bangladesh« kannte. Bangladesh, mit dem jeder nur Verzweiflung, Hunger, Elend und Tod verbindet, aber sicher nicht Reichtum – Reichtum, der nötig scheint, um Zinsen für einen Kredit zahlen zu können.

Yunus aber glaubte daran. Seine Bank gab Geld, aller Armut zum Trotz. Geld für eine Wasserpumpe, um sauberes Wasser zu gewinnen, Geld für eine Nähmaschine, um Kleidung zu nähen, Geld für ein Kalb, um eine Viehzucht zu beginnen, Geld für Weiden, um Körbe zu flechten. Aber er verschenkte das Geld nicht, er gab Kredite. Weil er wusste, dass ein Geschenk den Stolz der Menschen verletzen, weil ein Geschenk ihre Würde missachten würde. Und weil er aus den Bedürftigen keine Almosenempfänger machen wollte. Es funktionierte: Millionen wurden zu Unternehmern. Jeder zweite Bankkunde hat den Sprung aus der Armut geschafft.

Muhammad Yunus gründete die Grameen-Bank, weil er sich dafür verachtete, elitär gewesen zu sein. Zwei Jahre vorher, 1974, hatte Pakistan die Unabhängigkeit Bangladeshs anerkannt. Bürgerkrieg und Hungersnot hatten drei Millionen Menschen das Leben gekostet. Der Krieg war vorbei, aber die Hungersnöte blieben. Yunus, ein Sohn aus gutem Hause, lehrte seit 1972 Wirtschaft an der Universität in Chittagong, der zweitgrößten Stadt Bangladeshs. Er befasste sich mit abstrakten volkswirtschaftlichen Berechnungen, die »mit astronomischen Summen hantierten«, wie er später schrieb. Seine Studenten waren Kinder wohlhabender Eltern, fern jeder Armut. »Ich fing an, mich selbst zu hassen«, sagte er rückblickend, »die Arroganz, mit der ich tat, als wüsste ich mit meinen eleganten Wirtschaftstheorien die Antwort.« Also änderte er sein Leben. Er fuhr mit Studenten in ein Dorf und gab einer Frau einen Kredit, 27 Dollar für Weiden. Sie machte Stühle aus den Weiden, das Geld zahlte sie zurück. Er borgte anderen Frauen Geld, und sie zahlten zurück. Die Idee der Mikrokredite war geboren, das Grameen-Projekt gegründet. Yunus hatte auf Vertrauen gesetzt, und die Rechnung ging auf. 1983 wurde Grameen offiziell zur Bank. Die Ausfallrate lag bei einem Prozent.

2006 erhielt Muhammad Yunus den Nobelpreis. Nicht den Wirtschaftsnobelpreis, sondern den Friedensnobelpreis. Denn es war ihm nicht um den Profit gegangen, nicht um eine Geschäftsidee, die ihn reich machen würde. Ihm war es um die Menschen gegangen. Um ihre Würde, ihren Stolz und ihren Erfolg.

Wenn das kein Vorbild ist.

Jenny de la Torre Castro

»Ein Mensch ist ein Mensch.« Das klingt lapidar, doch oft ist es anders. Darum ging es schon bei den »Illegalen«, es gilt ebenso für die »Legalen«. Für Jenny de la Torre Castro ist es die Basis ihrer Arbeit. Dr. Jenny de la Torre ist Ärztin. Nicht eine beliebige, sondern eine für Obdachlose in Berlin. Das kam so:

Als Jenny sieben Jahre alt war, wurde ihre Mutter schwer krank. Der Arzt kam, doch noch während der Behandlung musste er wegen eines anderen Notfalls wieder fort. Er war der einzige Arzt weit und breit. Das war in Peru, in den Anden, in einem kleinen Dorf 1961. Dort lebte Jennys Familie.

Da beschloss das Kind, Ärztin zu werden. Und sie wurde es. Sie studierte und promovierte im Wechsel in Peru und in der DDR mit dem festen Willen, in ihre Heimat zurückzukehren, um dort den Ärmsten der Armen zu helfen. Doch in Peru wurden ihre Abschlüsse nicht anerkannt, die Bürokratie stand im Wege. Sie ging zurück nach Berlin. Sie arbeitete in verschiedenen Krankenhäusern, war erfolgreich und konnte vielen Patienten helfen, doch das reichte ihr nicht. Der Medizinbetrieb, der sich darin erschöpfte, zu operieren und zu behandeln, und keinen Platz für anderes als die reine Medizin ließ, war ihr bald nicht mehr genug. Eine Betreuung über die Behandlung hinaus, eine Versorgung der Menschen »ohne Ansehen der Person und der Umstände«, das war ihr Wunsch. Denn was Not bedeutet, hatte sie selbst erlebt. Und was daraus folgen musste, stand für sie lange schon fest: »Man muss die Menschen annehmen, wie sie sind. Sie haben sich dieses Leben schließlich nicht ausgesucht.«

Sie begann »nebenbei«, auf dem Berliner Ost-Bahnhof Obdachlose zu versorgen. Bald war Jenny de la Torre für die Wohnungslosen »ihre Frau Doktor« und wurde berühmt. 1997 erhielt sie von Roman Herzog das Bundesverdienstkreuz.

2002 gründete sie die »Jenny de la Torre Stiftung für Wohnungslose in Berlin«. Mit dem Preisgeld der »Goldenen Henne«, die sie gerade verliehen bekommen hatte, stattete sie ihre Stiftung aus. Ihr Traum von einem Gesundheitszentrum für Obdachlose wurde wahr. Und für ihre Patienten auch. Sie hatten nun Zugang zu einer Gesundheitsvorsorge, die ihnen bis dahin verwehrt worden war, dazu eine Suppenküche, eine Kleiderkammer sowie psychologische und rechtliche Beratung. Längst ist das Projekt weit über die Grenzen Berlins und Deutschlands hinaus bekannt.

»Wir können nur eine gerechtere Gesellschaft aufbauen, indem wir sie menschlicher gestalten. Das wird nur möglich, wenn wir in diesem Sinne etwas verändern. Kein Paradies, aber eine Welt, in der jeder Mensch das Gefühl hat, ein Mensch zu sein.« Das ist Jenny de la Torre Castros Credo.

So sollte es eigentlich immer sein.

Clara Anders

Clara Anders – nie gehört? Das muss sich ändern. Clara Anders ist – nomen est in diesem Fall ganz besonders omen – anders als ihre Altersgenossen. Wendeten sich immer mehr junge Leute von der Politik ab, wendete sie sich ihr zu. Mehr noch: In einer Zeit, in der die politische

Verdrossenheit besonders groß war, setzte sie sich dafür ein, dass junge Wähler von ihrem Wahlrecht Gebrauch machen. Ihr war nicht entgangen, dass die Wahlbeteiligung bei der Kommunalwahl 2003 in Brandenburg bei gerade einmal 45,3 Prozent lag. Ihr war auch nicht entgangen, dass vor allem Erstwähler kein besonders großes Interesse an der Kommunalpolitik hatten. Sie hatte gelesen, dass drei von vier wahlberechtigten Brandenburgern im Alter zwischen achtzehn und vierundzwanzig Jahren die anstehende Kommunalwahl im September 2008 sogar egal war. Ihr war sie nicht egal, ihr war das alles nicht egal.

Die Potsdamerin war die Koordinatorin der Potsdamer Erstwählerkampagne »Ich wähle, weil …«. Die Idee stammte von ihr. Da war sie gerade mal zwanzig Jahre alt, und sie wusste, wie sie die Gleichaltrigen erreichen konnte: über das Internet. Denn da tummeln sie sich.

Clara Anders wollte ein freiwilliges soziales Jahr absolvieren. Das allein ist schon bemerkenswert. Doch während sich die meisten jungen Frauen in klassische soziale Gebiete begeben, suchte sie sich ein anderes Feld, das auf den ersten Blick nichts mit Sozialarbeit zu tun zu haben scheint: die Politik. Das ist umso bemerkenswerter, da sich Clara Anders selbst als politikverdrossen bezeichnete, Politik grundsätzlich suspekt und mit ihren vielen Parteien undurchsichtig fand. Aber untätig wollte sich nicht bleiben. Denn Menschen, »die alles nur doof finden und nörgeln« und nichts tun, regten sie auf.

Doch was tun? Sie ging zum Stadtjugendring. Klar, sie war gegen Neonazis, aber sie wusste nicht, dass es im Rathaus Leute gab, die aktiv gegen Rechtsextremisten eintreten. In Potsdam gibt es ein Aktionsbündnis für Toleranz und Demokratie, dem auch der Oberbürgermeister angehört. Initiativen junger Menschen, die noch dazu für die Demokratie eintreten, waren natürlich gern gesehen, und so gab das Rathaus kurzerhand eine stattliche Summe für ihre Idee.

Clara Anders nahm das Geld und ging. Sie wollte nicht mit den aus ihrer Perspektive älteren Damen und Herren im Rathaus arbeiten, sondern mit jungen Leuten. Und startete die Erstwählerkampagne. Auf ihrer Internetplattform präsentierten sich mehr als ein Drittel der knapp fünfhundert Kandidaten, hier konnte man sich über das Wahlsystem, die Parteien, ihre Programme und vor allem ihre jugendpolitischen Ziele informieren, hier konnte man Politiker bewerten, hier konnte man sie befragen. Und: Hier konnten Jugendliche den Satz »Ich wähle, weil …« vervollständigen. Die ernstesten und schönsten Antworten wurden mitsamt Photo auf eine Postkarte gedruckt und in der Stadt verteilt. Heraus kam dabei: Ich wähle, weil es ja sonst keiner tut; weil ich das noch anonym machen kann; weil ich wählerisch bin; weil ich die Wahl habe; weil auch die Jugend eine Meinung hat; weil ich mich dann gerechtfertigt beschweren kann; weil nicht wählen ein Verzicht auf meine Freiheit ist.

Und tatsächlich lag die Wahlbeteiligung in Potsdam am Ende höher als fünf Jahre zuvor, bei 51,7 statt 45,7 Prozent. Ob es an der Erstwählerinitiative lag, sei dahingestellt. Genützt hat sie sicher. Das hätten sich die Bundesparteien für ihren virtuellen Wahlkampf 2009 einmal anschauen sollen. Sie hätten viel gelernt. Denn hier kam die Jugend selbst zu Wort. Und nicht die Alten, die die Jungen staubtrocken für ihre Partei gewinnen wollen, belehrend womöglich obendrein.

Allein die Idee der Erstwählerinitiative ist eine Erwähnung wert, wenn man von Einmischung und Demokratie spricht. Und vielleicht hatte Clara Anders' freiwilliges soziales Jahr ja doch mehr mit Sozialarbeit zu tun, als wir glauben.

So: Antje Vollmer, Bischof Martin Kruse, Richard Schröder

Deutschland 1992: Rechte Gewalt und hitzige Debatten beherrschten das Land. Antisemitische Übergriffe, Anschläge auf Ausländerwohnheime und Asylbewerberunterkünfte, begleitet von rassistischen Parolen höhnischer Schaulustiger – das waren die Bilder, die damals um die Welt gingen. Auch politisch war das Klima mehr als gereizt. Nach heftigen Auseinandersetzungen einigte sich die Koalition von Union und FDP im Herbst auf eine radikale Einschränkung des Grundrechts auf Asyl, die manche bis heute als De-facto-Abschaffung des deutschen Asylrechts bezeichnen. Das heizte die Stimmung nur noch mehr auf. Diesmal von links.

Am 8. November waren dreihunderttausend Menschen nach Berlin gereist, um gegen Ausländerhass und Fremdenfeindlichkeit zu demonstrieren, um ein Zeichen für ein friedliches Zusammenleben von Deutschen und Ausländern und gegen Gewalt zu setzen. Sie waren aus allen Teilen Berlins und aus allen Richtungen Deutschlands gekommen. Auch ich war dabei. Doch es hatten sich auch Gegendemonstranten unter sie gemischt, linke Chaoten, wenige Hundert zwar nur, dafür lautstark, gewaltbereit und gewalttätig.

Auf der Bühne stand der Vater, er redete, aber man hörte ihn nicht. Er redete immer weiter, doch man verstand ihn kaum. Und: Man sah ihn kaum. Denn direkt vor dem Pult standen Polizisten, dicht an dicht, mit Helmen, Schlagstöcken und durchsichtigen Schildern, um den Bundespräsidenten zu schützen. Auch das Motto der Kundgebung, das auf dem Pult stand, war kaum noch zu sehen:

Würd
Mens
st
ant

Eigentlich sollte es heißen: »Die Würde des Menschen ist unantastbar«.

Steine flogen, Wasserbomben, Eier, Tomaten. Ich war so beunruhigt, dass mich Freunde auf ihre Schultern nahmen, damit ich besser sehen konnte. Das Pult wurde getroffen, viele Polizisten auch. Die Lage eskalierte, geriet fast außer Kontrolle. Da stellten sich drei Menschen vor die Bühne: Martin Kruse, Antje Vollmer und Richard Schröder. Der erste war Bischof von Berlin, der sich vor allem als Seelsorger verstand, die zweite Grünenpolitikerin mit Herz und Verstand, und der dritte Theologieprofessor, der von jeher als unbestechlich galt, Fraktionsvorsitzender der SPD in der DDR-Volkskammer war und zur Zeit der Vereinigung Mitglied im Bundestag.

Sie hielten Wache, nur die drei und ganz ohne Schutz. Das taten sie nicht als Theologen, die sie alle drei waren. Sie standen da als Menschen, als lebende Schutzschilde.

Sie duckten sich nicht, sie sagten nichts, sondern schauten mit ernsten Gesichtern in die Menge der Demonstranten. Sie schützten buchstäblich die Unantastbarkeit der Würde; der Würde des Redners, der Rede. Es war ein Bild, das symbolischer nicht hätte sein können, aber geplant war es nicht. Eine Mahnwache, um die Menschen zu beruhigen, eine Mahnwache für die Menschenwürde, eine Mahnwache für die Demokratie.

Das hat mich beeindruckt – bis heute.

So nicht: Frank Steffel

Auch neun Jahre später flogen Eier und Tomaten in Berlin. Doch diesmal nicht bei einer Demonstration, sondern bei einer Wahlkampfveranstaltung im Jahr 2001. Der frisch gekürte Spitzenkandidat der Berliner CDU, Frank Steffel, sollte auftreten, und viele waren gekommen, um ihn zu sehen. 97 Prozent der Stimmen hatte der Schützling des langjährigen Vorgängers Eberhard Diepgen gerade von seiner Partei bekommen, »in geheimer Wahl«, wie er gern betonte; Steffel platzte fast vor Stolz. Bescheidenheit war nicht seine Stärke, einen künftigen Regierenden Bürgermeister hatte man sich anders vorgestellt.

Politische Prominenz war da, um die Bedeutung des Wahlkampfes für Berlin und ganz Deutschland zu betonten und damit auch die Bedeutung Frank Steffels: die damalige Vorsitzende der CDU, Angela Merkel, der damalige Vorsitzende der CDU/CSU-Bundestagsfraktion, Friedrich Merz, und der damalige Vorsitzende der CSU, Edmund Stoiber. Ein Pfeifkonzert begann. Als Angela

Merkel sprach, verstummte es kurz; vielleicht, weil sie die einzige Ostdeutsche auf der Bühne am Alexanderplatz war. Dann sprach Stoiber, das Pfeifkonzert fing wieder an, die ersten Eier flogen. Sicherheitsbeamte spannten Schirme auf, um den Ministerpräsidenten aus Bayern zu schützen. »Wir müssen abbrechen«, sagte einer der Organisatoren, doch das wollte Stoiber nicht. »Sie werden uns hier nicht vertreiben«, rief er in die Menge. Friedrich Merz, der nächste Redner, wurde wütend und brüllte erregt, als er an der Reihe war: »Die Mehrheit in Deutschland will dieses schreiende Gesindel nicht sehen!« Nur Steffel, dem das alles galt, stand stumm und starr daneben. Als er schließlich an der Reihe war und das Wort ergriff, brachte er gerade noch einen Satz hervor. Weiter kam er nicht. Eier flogen, es wurden immer mehr, die Leute wollten ihn nicht, und Steffel – duckte sich weg. Er versteckte sich hinter Stoiber und tauchte schließlich ab.

Vielleicht wählte Steffel ausgerechnet den zierlichen Stoiber als Schutzschild, weil er, Steffel, München einmal als »schönste Stadt Deutschlands« und »heimliche Hauptstadt« bezeichnet hatte. Nicht gerade klug, wenn man Regierender Bürgermeister von Berlin werden will. Die Berliner jedenfalls verziehen ihm das nie. Und mit der Flucht vom Podium war es mit seinen Wahlchancen dann völlig vorbei.

Ob Frank Steffel je das Bild von Antje Vollmer, Richard Schröder und Martin Kruse im November 1992 gesehen hatte? Wohl kaum. Und wenn, hatte er es nicht verstanden.

Das hat mich nicht beeindruckt – bis heute.

Seyran Ates

Seyran Ates, heißt es bei Wikipedia, »ist eine türkisch-kurdische Frauenrechtlerin und Autorin, die in der Bundesrepublik als Rechtsanwältin arbeitet, sich hauptsächlich mit dem bundesdeutschen Strafrecht und Familienrecht befasst und sich außerdem in der deutschen Ausländerpolitik engagiert.«

Wie simpel das klingt, wie wenig das sagt. Denn Seyran Ates gehört zu den mutigsten Frauen Berlins.

Große Reise ins Feuer hat Seyran Ates ihre Autobiographie genannt, die 2003 erschien. Das trifft es genau. Denn eine große Reise war ihr Leben bis dahin tatsächlich gewesen, eine unbequeme, ja lebensgefährliche obendrein. Ein Buch über eine schmerzliche Emanzipation ist entstanden, über eine Selbstbefreiung aus einer Welt der Lügen, ein Buch über einen Aufbruch, der beinahe im Feuer gescheitert wäre.

Wie groß das Feuer noch werden würde, das wusste sie damals noch nicht.

Im Alter von sechs Jahren zog sie mit ihrer Familie 1969 von Istanbul nach Deutschland. Sie wuchs nach den strengen Regeln vieler türkischer Familien im Berliner Arbeiterbezirk Wedding auf. Das Haus durfte sie nur verlassen, um zur Schule zu gehen, zu Hause musste sie Vater und Bruder bedienen. Die Familie wollte sie mit einem türkischen Mann verheiraten. Mit siebzehn hielt sie die Spannungen nicht mehr aus und lief davon. Sie lebte in besetzten Häusern und Wohngemeinschaften. Sie machte das Abitur, studierte Jura und kämpfte für die Rechte der Frauen. Um sich ihr Studium zu finanzieren, arbeitete sie im TIO, einer Kreuzberger Beratungsstelle für

Frauen aus der Türkei. Dort half sie Frauen, die von ihren Männern verprügelt wurden und Schutz vor häuslicher Gewalt suchten. Und wurde zufällig Opfer eines Attentats. Ein Mann stürmte ins Haus und schoss auf Ates und ihre Klientin. Die Klientin war tot, Seyran Ates kam nur knapp mit dem Leben davon. Es war ein Türke, der die Bluttat verübte, ein Mann aus dem Umfeld der rechtsextremistischen türkischen Gruppe »Graue Wölfe«.

Drei Wochen musste sie im Krankenhaus bleiben, und als sie es verließ, war sie an Körper und Seele verwundet. Monate dauerte es, bis sie ihren Arm wieder bewegen konnte, Jahre, bis sie in der Lage war, ihr Studium fortzusetzen. Und der Mann, der den Anschlag verübt hatte, wurde wegen schwerer Ermittlungsfehler der Polizei freigesprochen. Womöglich lebt er noch immer in Berlin.

Doch Seyran Ates gab nicht auf. Mit eisernem Willen beendete sie ihr Jurastudium und wurde Anwältin. Das war der Stand ihres Buches *Große Reise ins Feuer* 2003. Doch die Reise war damit nicht beendet. Und auch nicht das Feuer.

In den Jahren danach kämpfte sie für ihre Mandantinnen, hielt Vorträge, setzte sich gegen das Kopftuch ein, das auch ihre Mutter trug, gegen Zwangsheirat, gegen häusliche Gewalt und gegen Ehrenmorde. Sie blieb umstritten und geachtet. Doch der Ruhm wurde ihr zum Verhängnis. Im Juni 2006 wurden sie und ihre Mandantin auf dem Rückweg vom Gericht vom frisch geschiedenen Ehemann der Mandantin in der U-Bahn zusammengeschlagen. Viele sahen zu, doch niemand griff ein. Es blieb nicht bei diesem einen Mal. Andere Männer drohten ihr, beschimpften und belästigten sie. Morddrohungen hatte sie schon vorher bekommen, ihre Arbeit als Rechtsanwältin war immer gefährlich gewesen, »aber jetzt ging es nicht mehr«, sagte sie. Sie hatte Angst um ihre kleine Tochter, Angst auch um sich. Sie fühlte sich im Stich gelassen. Im August gab sie ihre Anwaltszulassung zurück. Sie tauchte unter.

Doch politisch blieb sie aktiv, unterstützt von Anwälten und Verbänden, unterstützt auch von den Berliner Parteien. Sie bekam den Preis für Zivilcourage des Berliner »CSD e.V.« und den Berliner Frauenpreis 2004. Ein Jahr später wurde sie zur Frau des Jahres gekürt. Am 21. Juni 2007 schließlich erhielt sie von Bundespräsident Horst Köhler das Bundesverdienstkreuz.

Zweieinhalb Monate später nahm sie ihre anwaltliche Tätigkeit wieder auf. Denn das Reden war ihr nicht genug gewesen. Sie wollte wieder handeln. Im Schutze einer größeren Kanzlei zwar und ohne Adresse. Ihr öffentliches Engagement behält sie bei, auch wenn sie weiß, dass sie dafür immer wieder Prügel beziehen wird. So schrieb sie am Drehbuch für den Tatort *Familienaufstellung* mit, der im Februar 2009 ausgestrahlt wurde. Es ging, ihr altes Thema, um Zwangsheirat. Aber anders als üblich, standen nicht die Männer am Pranger, sondern die türkischen Frauen. Und sogleich ertönte wieder das Wort, das sie schon so oft hat hören müssen: »Nestbeschmutzer«.

Die Angst hatte sie seit dem Attentat nicht mehr verlassen. Aber sie fürchtete sich nicht mehr vor dem Tod: »Ich fürchte eher das ungelebte Leben, die vertanen Chancen.«

Seyran Ates hat sich nicht weggeduckt, sie kam zurück und nutzt seitdem ihre Chancen umso mehr.

Bei Willy Brandts Kniefall vor dem Mahnmal zum Aufstand im Warschauer Ghetto war ich zwölf Jahre alt. Ich kann mich nur dunkel daran erinnern. Und doch ist der Kniefall bis heute ein Vorbild für mich.

Willy Brandts Leben war schwierig. Unter seinem damaligen Namen Herbert Frahm wurde er als nichteheliches Kind geboren, was damals als Makel galt. Im Krieg wurde er verfolgt, er emigrierte nach Norwegen und nahm den Decknamen Willy Brandt an. Die Nationalsozialisten bürgerten ihn aus. Nach 1945 kehrte er als Korrespondent skandinavischer Zeitungen nach Deutschland zurück und berichtete über die Nürnberger Prozesse. 1948 erhielt er seine deutsche Staatsbürgerschaft wieder.

Das Leben, das so hart für ihn war, nutzten seine politischen Gegner nach Kräften. Noch im Wahlkampf 1961 spielte Konrad Adenauer auf Willy Brandts nichteheliche Geburt an. Und diffamierte ihn außerdem als »Vaterlandsverräter«.

Willy Brandt blieb umstritten. Einunddreißig Jahre lang war er Mitglied des Bundestags, und er polarisierte fast immer, er entzweite die Wähler. Seine Politik war eben anders, ganz persönlich, ganz er selbst. Als er 1969 Bundeskanzler wurde, wollte er »mehr Demokratie wagen«. Das war unpopulär. Und eine neue Ostpolitik schaffen. Das war noch unpopulärer. Viele misstrauten ihm, die Union kämpfte entschieden dagegen, weil sie die Aufwertung und die Anerkennung der DDR als eigenständigen Staat fürchtete, denn das wollte sie nicht. Doch Willy Brandt hielt daran fest und setzte sie durch – letztendlich und vor allem durch eine persönliche Geste: durch seinen wortlosen Kniefall im Dezember 1970 in Warschau am Mahnmal des Ghetto-Aufstands von 1943.

Da verstummte die Welt. Und die Entspannungspolitik begann, die vorher undenkbar war und später in den Ostverträgen mit Polen und der Sowjetunion sowie im Grundlagenvertrag mit der DDR mündete.

Aber der Unmut blieb. Viele Abgeordnete hatten die SPD verlassen, die Union verfügte nun rechnerisch über eine knappe Mehrheit, doch ihr Misstrauensvotum im April 1972 scheiterte. Willy Brandt stellte die Vertrauensfrage, der Bundestag wurde aufgelöst, Neuwahlen folgten. Und Willy Brandt wurde belohnt. Bei der Wahl im November erhielt die SPD 45,8 Prozent der Stimmen und wurde erstmals stärkste Fraktion. Das war nicht nur eine Bestätigung für Willy Brandt persönlich, sondern auch eine Bestätigung für seine neue Ostpolitik. Auch im Ausland wurde das Votum der Wähler als Volksabstimmung über die Ostverträge gewertet. Der Weg für die Ratifizierung war frei.

Am 10. Dezember 1971 erhielt Willy Brandt den Friedensnobelpreis. Für seine Ostpolitik. Und damit auch für den Kniefall, fast genau ein Jahr zuvor. Noch immer finde ich, dass kein anderer Friedensnobelpreis je so berechtigt war wie dieser.

Ein Emigrant kniete nieder, und er tat dies für alle Deutschen. Kein anderer hätte das glaubwürdiger tun können, niemand anderem hätte man eine solche Geste so unumstritten abgenommen. Willy Brandt tat es nicht, um eine bestimmte Politik durchzusetzen, nicht, um Wahlen zu gewinnen, es erfolgte nicht aus politischem Kalkül. Sein Kniefall war nicht inszeniert, er war nicht gespielt, er war echt. Es war der Ausdruck einer persönlichen Bitte um Vergebung, einer Bitte, die er niemandem aufzwingen und ein Neuanfang, den er keinem verordnen wollte. Das macht ihn bis heute so besonders.

Was Gesten bewirken können, zeigt das Beispiel Willy Brandts. Was Gesten anrichten können, zeigte der Besuch von Helmut Kohl und dem damaligen US-Präsidenten Ronald Reagan auf dem Soldatenfriedhof von Bitburg im Jahr 1985, zum vierzigsten Jahrestag des Endes des Zweiten Weltkriegs. Es sollte eine Geste der Versöhnung werden. Ähnlich wie ein Jahr zuvor mit Frankreichs Präsident François Mitterrand wollte Kohl nun mit Reagan die Gefallenen beider Seiten ehren und – nach vierzig Jahren friedvoller Partnerschaft – ein anderes Deutschland würdigen. Doch das ging gründlich schief.

Auf dem Soldatenfriedhof in Bitburg lagen nämlich nicht nur deutsche Wehrmachtsangehörige und amerikanische Soldaten, sondern auch Angehörige der Waffen-SS. Dem Vernehmen nach wusste Helmut Kohl das vorher nicht. – Eine Gedankenlosigkeit mit Folgen: Die internationale Presse geißelte den Vorfall mit Empörung.

Gunter Demnig

Gunter Demnig ist Jahrgang 1947. Für Politik hat er sich nie interessiert. Er ist »kein politischer Mensch«, wie er sagt. Er hatte Hemingways *Wem die Stunde schlägt* gelesen und alte Photos gefunden. Photos seines Vaters im Krieg. Und er begann, sich mit der Vergangenheit zu befassen. Da kam ihm die Idee der Stolpersteine. Er schuf zehn mal zehn Zentimeter große Messingplatten, gravierte Namen,

Geburtsjahr, Datum der Deportation und, soweit bekannt, das Todesdatum ein und brachte die Platten auf Steinen an. Die Steine verlegt er vor Häusern, in denen die Opfer einst lebten – eine unaufdringliche, bescheidene, tägliche Erinnerung an ein vergessenes Opfer des Nazi-Regimes, ob Jude oder Homosexueller, ob Sinti oder Roma.

Der einzelne Mensch, nicht die Masse ist Demnigs Thema. Die Steine werden von Hand gefertigt. Die Vernichtung war Fließband, die Erinnerung durfte es nicht sein. Keine Fabrik, kein Fließband, und Namen statt Nummern. Die Erinnerung sollte da sein, wo die Menschen lebten, und wo die Menschen jetzt sind. Ein zentrales Mahnmal, so Demnigs Überzeugung, erreicht nur Menschen, die hingehen, um es sich anzusehen. Stolpersteine erreichen jeden, auch den, der nicht an die Vergangenheit denkt.

Doch es ist nicht nur die Erinnerung an Einzelne, um die es Demnig geht, es ist auch die Erinnerung der Einzelnen. Für jeden Stein sucht er Paten – Paten, die die Steine finanzieren, und Paten, die sich um die Steine kümmern, sie sauber halten, »Putzpaten« nennen sie sich. Eine Patenschaft bedeutet Verantwortung. Im kirchlichen Sinn endet sie mit der Konfirmation. Wem sie ernst ist, der behält sie sein Leben lang. Und den Paten der Steine ist es ernst.

Inzwischen sind zwölftausend Steine verlegt, und ständig werden es mehr. Aus einer kleinen Idee ist ein großes, wachsendes, europäisches Mahnmal geworden. Das war nicht geplant, es ist so gekommen.

Stolpersteine sind umstritten, wie kann es anders sein? Auch im Zentralrat der Juden in Deutschland herrscht Uneinigkeit. Einige lehnen die Idee ab. Sie können nicht ertragen, dass Menschen auf den Messingplatten »herumtrampeln«, und so »die Würde der Opfer mit Füßen treten«. Das weiß Gunter Demnig, der Kölner Künstler muss das akzeptieren. Er nimmt in Kauf, dass einige auf den Steinen »herumtreten«, wenn dafür Hunderte stolpern, stutzen und stehen bleiben. Demnig darf sich über die Gefühle der Überlebenden nicht hinwegsetzen. Das will er nicht und tut es nicht.

Für andere ist das nicht so leicht. »Ich kann verstehen, dass einige Juden für ihre Eltern keine Steine legen wollen. Aber was geht es sie an, ob ich es will?«, fragte Peter Jordan im Jahr 2004 verbittert. Das Schicksal seiner Eltern Fritz und Paula Jordan, die dem Holocaust zum Opfer fielen, weil sie Juden waren, sollte nie vergessen werden, hier in der Mauerkircherstraße, in Bogenhausen, in München. Darum ließ der Sohn vor dem früheren Wohnhaus der Jordans zwei Stolpersteine verlegen. Für ihn war der 25. Mai 2004 der wichtigste Tag seines Lebens.

Es waren die ersten und bisher einzigen Stolpersteine, die in München auf öffentlichem Grund gelegt worden sind.

Denn während Demnig national und international mit Preisen überhäuft wurde – auch der Bundesinnenminister zeichnete ihn aus –, verbot München, die einstige »Hauptstadt der Bewegung«, wie Hitler sie nannte, diese Form der Erinnerung nur drei Wochen nach der Verlegung. Unmittelbar nach dem Beschluss ließ die Stadtverwaltung die Steine der Jordans entfernen und auf den jüdischen Friedhof bringen. Der Sohn war entsetzt. Er wandte sich in einem Brief an Christian Ude, den Oberbürgermeister der Stadt, und schrieb: »Jetzt haben Sie meinen Vater zum zweiten Mal deportiert.«

Die Jordan'schen Steine wurden schließlich Teil einer künstlerischen Installation in der Eingangshalle der Münchner Musikhochschule, dem ehemaligen Führerbau. Nur wenige Meter von Hitlers Kaminzimmer entfernt. Ausgerechnet.

Aus den Steinen, der kleinen, stillen Erinnerung an einzelne Nazi-Opfer, war ein Politikum geworden. Noch immer dürfen in München keine Stolpersteine auf öffentlichem Boden verlegt werden. Auf privatem Grund dagegen werden es langsam mehr. Im September 2007 wurden die ersten fünf Steine verlegt. Im Mai 2009 kamen elf neue dazu.

Gunter Demnig hatte sich nie politisch verstanden. Und doch hat er mehr bewegt als viele Berufspolitiker.

Der Leser

Man muss nicht prominent sein, um etwas zu bewirken. Und man muss nicht prominent werden, wenn man etwas tut. Auch die Namenlosen und Unbekannten können Spuren hinterlassen.

Es war an einem Abend im Sommer 1992. Regierung und Parlament saßen noch am Rhein, und in Berlin war es ruhig. Es gab keine Hektik, Politik war zwar wichtig, aber Bonn war weit weg. Ich war Redakteurin beim *Tagesspiegel*, saß an meinem Schreibtisch und beobachtete die Welt. Das war meine Aufgabe, denn ich hatte Spätdienst. Nichts passierte, und so schrieb ich an einem Leitartikel über den Freispruch zweier früherer DDR-Richter vom Vorwurf der Rechtsbeugung. Kein leichtes Thema, denn die Materie war kompliziert und die Meinungen über das auf der Grundlage des westdeutschen Rechts gefällten Urteils waren geteilt. So schrieb ich über Juristisches und Nichtjuristisches, über Befindlichkeiten und Empfindlichkeiten, über Verständnis und Missverständnisse. Als der Artikel fast fertig war, klingelte das Telephon. Ein Mann war am Apparat, ein Leser, den ich nicht kannte. Er lebte im Osten der Stadt und wollte reden. Es geschah oft, dass Leute während des Spätdienstes anriefen. Irgendwie hatte es sich herumgesprochen, dass bis 23 Uhr immer jemand da war. Sie kritisierten nichts, sie lobten nichts, sie wollten nur reden.

Auch dieser Anrufer beschwerte sich nicht, er lobte nichts, auch klagte er nicht. Er schilderte nur seine Lage. Dass er seine Arbeit verloren habe und sich unnütz fühle. Dass er sich über die Einheit gefreut habe und sich nun als Verlierer fühle, er, der doch alles getan habe, was zu tun man ihm aufgegeben hatte. Er sprach von Gerechtigkeit, die er weder erkannte noch verstand. Er erzählte von Siegern und Besiegten, von den Problemen »hier« und den Politikern »dort«, er sprach von »Wir« und von »Ihr«, vom Westen, der den Osten nicht begreife, und vom Osten, dem der Westen ein Rätsel sei. Er sprach ziemlich lange, und ich hörte nur zu. Am Ende bedankte er sich und legte auf. Ich las noch einmal meinen Artikel, löschte ihn und schrieb ihn neu. Sätze wie diese entstanden: »Doch die Hoffnung richtet sich nicht allein wegen der neu gewonnenen Rechtsstaatlichkeit auf die Gerichte. Es ist auch die Enttäuschung darüber, dass es mit der Vereinigung hapert, der Aufschwung auf sich warten lässt und es eben doch vielen schlechter geht als zuvor. Immer weniger fühlen sich die Menschen im Osten verstanden, immer weniger fühlen sie sich vertreten von den Politikern am fernen Rhein, denen sie bald jede Kompetenz für die Probleme der neuen Länder absprechen.« Das waren unpopuläre Sätze im Westen. Doch der Chefredakteur änderte kein Wort. Der Artikel erschien. Am 20. August 1992, meinem vierunddreißigsten Geburtstag.

An diesem Abend hatte die Meinung eines Lesers gezählt. Das weiß er vermutlich bis heute nicht.

Jahre später hatte sich die Situation radikal verändert. Regierung und Parlament waren nach Berlin gezogen, und in der Stadt begann ein Konkurrenzkampf der Medien, der den Journalismus dramatisch veränderte. Da wurde auf einmal jede Äußerung wichtig, um die sich vorher keiner geschert hätte. Bis kurz vor Mitternacht mussten Politikermeinungen und Geschichten verifiziert werden, die längst über den Ticker gelaufen waren, damit sie im Blatt als eigene Nachricht standen. Da wurden plötzlich Hinterbänkler befragt, für die sich früher niemand interessiert hatte, weil sich alle wichtigen Leute schon geäußert hatten. Die dritte Reihe der Politiker bekam auf einmal ein Gewicht, das sie in der Politik gar nicht hatte.

Zeit für einen Anrufer hatte niemand mehr.

Ismael Khatib

Als mein Bruder Fritz und ich im Frühjahr 1978 nach Israel fuhren, kannten wir das Land noch nicht. Israel war gerade in den Libanon einmarschiert, und im Bus, der uns nach Jerusalem brachte, wimmelte es von Soldaten mit Gewehren im Anschlag. Wir hatten keine Angst, denn vom Einmarsch wussten wir nichts. Während sich die Eltern zu Hause Sorgen machten, dachten wir, das sei eben so in Israel, das sei ganz normal. Wurden nicht in Bonn unsere Nachbarn gegenüber, die Familie des israelischen Botschafters, auch mit Panzern bewacht? Mit Panzern waren wir groß geworden. Das war normal in einer Zeit, in der die RAF die Menschen in Angst und Schrecken versetzte.

Wir waren in den Nahen Osten gefahren, doch vom Nahost-Konflikt wussten wir nicht mehr, als wir in den Zeitungen gelesen hatten. Was dieser Konflikt für die Menschen bedeutete, wussten wir nicht. Vom Krieg bekamen wir nichts mit. Der Kibbuz, in dem wir arbeiteten, lag ganz im Süden, fern der libanesischen Grenze. Der Krieg spielte dort keine Rolle.

Erst bei meinem zweiten Besuch im Sommer 1978 erlebte ich mit, was der Nahostkonflikt für die Menschen in ihrem Alltag bedeutet. Ein Sohn unserer israelischen Nachbarn in Bonn besuchte mich in Einat. Mitten in der Nacht stand er plötzlich in der Bäckerei, in der ich arbeitete, sie lag am Rande des Kibbuz. Er war Soldat und kam direkt vom Dienst. Er wollte mich überraschen. Die Überraschung war ihm auf unglückliche Weise gelungen. Ich sehe die Gesichter der anderen noch vor mir. In der Fabrik arbeiteten nicht nur Angehörige des Kibbuz, sondern auch viele andere Menschen, denn das Einzugsgebiet zwischen Tel Aviv und Jerusalem war groß: Alte und Junge, Israelis und Palästinenser – und vermutlich nicht alle legal. Der Anblick eines israelischen Soldaten in Uniform hatte sie zu Tode erschreckt. Zum ersten Mal spürte ich die Spannungen zwischen Israelis und Palästinensern hautnah. Auf einmal war ich mittendrin im Nahost-Konflikt.

Wie muss sich erst jemand fühlen, der in diesem Konflikt sein Kind verliert? Der kann nicht nur Angst haben, der muss zornig sein, auf Rache sinnen. Nicht so Ismael Khatib, ein Palästinenser, dem genau dies geschah. Sein zwölfjähriger Sohn hatte im November 2005 in seiner Heimatstadt Jenin im Westjordanland mit einem Plastikgewehr gespielt und wurde erschossen. Ein israelischer Soldat hielt die Spielzeugwaffe für echt. Doch statt Rache zu schwören, spendete der Vater die Organe seines Sohnes. Dass unter den Empfängern auch israelische Kinder, selbst orthodox-jüdische sein könnten, war ihm durchaus bewusst. Ein bisschen wollte er Israel provozieren, das gibt der frühere Kämpfer, der deswegen auch schon einmal im Gefängnis war, unumwunden zu. Aber vor allem wollte er Kindern helfen. »In ihnen lebt Ahmed weiter«, sagte Ismael Khatib. Seine »Rache« war die Menschlichkeit. Und tatsächlich gehörte eines der geretteten Kinder zur orthodox-jüdischen Gemeinde.

Das Echo war gewaltig. Der damalige israelische Ministerpräsident Ariel Scharon, der letztlich für die tödliche Razzia verantwortlich war, dankte ihm öffentlich. Eine italienische Stadt, von der Geschichte bewegt, spendete Geld. Weltweit berichteten die Medien von dem Fall. Wenige Jahre später wurde ein Dokumentarfilm darüber gedreht, ein Film mit dem Titel *Das Herz von Jenin*.

Jenin, der Ort, in dem Ahmed erschossen worden war, galt früher als die fünftgefährlichste Stadt der Welt. Inzwischen ist es dort friedlich. Ismael Khatib, der einstige Automechaniker, leitet seit zwei Jahren das Cunio-Zentrum, eine Begegnungsstätte für Jugendliche, finanziert mit dem Geld aus Italien. Im ersten Jahr kamen zweihundert Kinder, im zweiten bereits vierhundert. Im Jahr 2010 will Khatib das alte verfallene Kino wieder eröffnen – als Treffpunkt für Menschen der unterschiedlichsten Nationen. »Man fühlt, dass es gar nicht so schwer ist, Frieden zu machen«, sagt er heute. »Frieden stiften« ist jetzt sein Beruf.

Wann immer ich von Ismael Khatib höre, denke ich an den Besuch des jungen israelischen Soldaten damals im Kibbuz und an die Angst, die allein sein Anblick dort ausgelöst hatte. Und wenn ich an Ismael Khatibs Sohn Ahmed denke, denke ich manchmal auch an Fritz und mich, als wir Kinder waren. Auch wir hatten mit Spielzeugwaffen gespielt, hatten einmal mit Wasserpistolen auf den Panzer gezielt, der vor dem Haus des israelischen Botschafters stand.

Der Lehrer

»Schule ohne Rassismus – Schule mit Courage«: diese Auszeichnung zu bekommen, ist gar nicht so einfach. Denn die Initiative muss von den Schülern ausgehen. Um sich für den Titel zu bewerben, brauchen sie Unterschriften von mindestens siebzig Prozent der Schüler, Lehrer und Eltern. Eine Selbstverpflichtung der besonderen Art.

Fast noch schwieriger aber ist es, sich darauf nicht auszuruhen, sondern weiterzumachen. Noch dazu, wenn man kein Geld hat und überdies ein schwieriges Umfeld.

Die Erich Kästner-Gesamtschule aus Essen hat das erreicht. Sie ist eine der Gründungsschulen des Netzwerks Weiße Rose, darum kenne ich sie. Von außen betrachtet erfüllt die Schule alle Klischees einer Gesamtschule: Die Gegend ist schlecht, das Gebäude hässlich, der Schulhof wenig einladend, die Wände sind beschmiert, und der Ausländeranteil ist hoch. Was Ausgrenzung und Rassismus sind, wissen die Schüler, sie kennen sie aus eigener Erfahrung. Doch sie ducken sich nicht weg, sie befassen sich damit. Und sie haben es geschafft, »Schule ohne Rassismus – Schule mit Courage« zu werden.

Dass es nicht bei dem Titel blieb, im Gegenteil, dass der Titel Programm wurde, hat die Schule nicht zuletzt einem Lehrer zu verdanken, für den Unterricht mehr ist als die Vermittlung von Wissen, für den die Schüler mehr sind, als nur Schüler in der Schule. Peter Gutsche heißt der Mann. Aus einer kleinen Serviette hatte er ein Projekt gemacht, das immer weitere Projekte nach sich zog. Es ist die Serviette des Künstlers Cary S. Leibowitz, auf der kreisförmig steht: »Zweierlei muss ich für den Rest meines Lebens im Auge behalten: mein Gewicht und meinen Rassismus.« Peter Gutsche nahm sie zum Anlass, Aktionen gegen Rassismus und Ausgrenzung zu starten. Er hielt die Serviette den Schülern vor, die drehten den Kopf bis zum Ende des Satzes und fingen an nachzudenken. Doch sie dachten nicht nur, sie redeten auch, sie gestalteten eigene Servietten, und sie schrieben Texte. Ein Buch entstand.

Peter Gutsche aber war auch das nicht genug. Er wollte kein Buch, das in Regalen verschwindet. Er wollte Öffentlichkeit, und die Schule und vor allem die Schüler machten mit. Er plante eine Lesung der besonderen Art, an einem besonderen Tag: am 27. Januar 2009, dem 64. Jahrestag der Befreiung von Auschwitz. Anders als bei den anderen entsprechenden Veranstaltungen lasen die Schüler nicht selbst, sondern hatten sich Erwachsene als

Lesepaten ausgesucht. Wann immer diese lasen, stand der jeweilige junge Autor daneben. Auch ich las an dem Abend, einer der Schüler, der bei der Gründung des Netzwerks Weiße Rose in München dabei gewesen war, hatte mich gebeten, seine Lesepatin zu sein. Das tat ich natürlich. Ich las seinen Text, vor allem aber lernte ich viel.

Denn die Texte der Schüler hatten es in sich. Witzig die einen, persönlich die anderen. Fast intime Texte darunter, über Ausgrenzung und Rassismus, über eigene Erfahrungen und peinliche Momente, über Gefühle und Scham.

So schrieb eine junge Polin über alltägliche Ausländerfeindlichkeiten, die oft gar nicht so gemeint sind, dies: »Genau erinnere ich mich nicht an alle Ereignisse – ganz genau aber erinnere ich mich an das Gefühl, das ich in solchen Momenten hatte. Dieses Vorurteil, diese Vorurteile, hatte ich immer im Nacken. Und genau dafür habe ich mich oft geschämt.« Eine Lehrerin las den Text für sie vor. Eine Türkin hatte den Text *Schwul sein und Muslim bleiben – geht das?* geschrieben, und ein Mitarbeiter des Pro Asyl-Flüchtlingsrates Essen las vor: »Was ist so schlimm daran, frage ich mich, wenn man schwul oder lesbisch ist; was ist schlimm daran, wenn man sich scheiden lässt und sich für einen anderen Lebensstil entscheidet? Wird allein dadurch die Familie entehrt? Ich weiß es nicht. Das Einzige, was ich weiß (und glaube!), ist: Gott kann es nicht gewollt haben, dass Menschen töten und dass diese über das Leben der anderen bestimmen.« Die Schülerin ist Alevitin. Sie ist im islamischen Glauben aufgewachsen. Das machte das Lesenlassen so mutig.

Der Titel »Schule ohne Rassismus – Schule mit Courage« hatte an diesem Abend eine ganz besondere Bedeutung: In den Texten ging es um Rassismus, doch im Mittelpunkt stand die Courage der Schüler. Denn das muss man erst einmal schaffen, das muss man sich erst einmal trauen: im Teenageralter einen Text über sich zu schreiben, zu veröffentlichen und schließlich von einem Erwachsenen vorlesen zu lassen, während man selbst daneben steht; sich dabei ansehen zu lassen von zweihundert Menschen, von Mitschülern und Lehrern, von Eltern und Gästen. Zu wissen, dass alles aufgenommen und im Fernsehen übertragen wird. Und dabei nicht rot zu werden.

Einer der Lehrer schrieb mir am nächsten Tag: »Es sind oft die Kleinigkeiten, die anzeigen, was sich da alles bewegt hat und bewegt. Es ist die menschliche Begegnung, die Unterricht zu wirklichem Unterricht macht. Es ist schön, wenn dieses Sich-Begegnen in den schulischen Alltag hineinragt, der sich zu leicht und zu oft in geistloser Arbeit am Bildungsfließband erschöpft. Dann können Schüler auf einmal auch Lehrer sein und die Lehrer Schüler. Ein Weg, das Lernen zu lernen und zu kultivieren. Es hört ja nie auf.«

So ist es, so sollte es sein. Hut ab!

Das Buch bekam später den ersten Preis der Klassen zehn bis dreizehn beim »Kinder-zum-Olymp-Wettbewerb« der Kulturstiftung der Länder in der Kategorie »Literatur«, weil es beispielhaft war und weil andere Schulen das nachmachen können. Die Jugendlichen der Schule haben in der Tat einen Olymp erklommen oder anders gesagt: den Berg der Vorurteile, um von dort aus nicht nur weitsichtig, sondern auch weithin sichtbar über Rassismus aller Art zu schreiben.

Auch dafür: Hut ab!

V. DIE GEWISSHEIT

Auf den ersten Blick wirkt das alles wie Folklore im Vergleich zum eigentlichen Problem, zur »Politik von oben«. Natürlich ist es keine Alternative zur »Politik von oben«. Die genannten Beispiele ändern nichts am System, nichts an den Parteien und ihrem Machtmissbrauch. Denn es ist eine ganz andere Ebene.

Wer »die Politik von oben« grundlegend ändern will, muss schon »in die Politik« gehen. Der muss sich der Ochsentour der Parteien fügen. Oder vor das Bundesverfassungsgericht ziehen, das in Fragen der Freiheit und Bürgerrechte längst zur eigentlichen Opposition im Land geworden ist.

Und doch sind die Beispiele mehr als bloß Folklore. Sie zeigen Einsatz und Mut, die notwenig sind, ja überlebensnotwenig für uns alle. Sie zeigen, dass wir es sind, die das Heft in der Hand haben, und wir es auch in der Hand haben, die Dinge so zu lassen wie sie sind oder eben zu ändern.

Denn: Was wäre die Demokratie ohne die Anderen, die Vielen, die Einzelnen, ohne uns? Nichts. Es gäbe sie nicht. Weil unser Tun, unser Denken und Reden durch und durch politisch ist. Politisch im besten Sinne des Wortes. Wir haben aus dem Land das gemacht, was es ist. Und wir sind es auch, die das weiter tun werden. Ohne uns geht nichts. Das ist das ganze Geheimnis.

Der evangelische Theologe Jörg Zink verglich die Kirche einmal mit einem menschlichen Körper. Das war 1980, beim Katholikentag in Berlin. Jedes Mitglied stelle einen Teil der Kirche, des Körpers also, dar, sagte Zink. Nun könne die Hand nicht sagen: »Ich bin die Hand, was geht mich der Fuß an?« Der Leib lebe nach einem Lebensgesetz, nach dem die Hand nimmt, was der Magen braucht, und der Magen verarbeitet, damit die Hand kräftig ist. Nur nach diesem Lebensprinzip könne Kirche *Kirche* sein, nur so könne sie funktionieren. Das hatte mich ziemlich beeindruckt. Nicht nur, weil der Protestant Zink dies auf einem Katholikentag gesagt hatte – ist doch die katholische Kirche eine streng hierarchisch strukturierte Organisation. Ich selbst hatte die Kirche, auch meine eigene protestantische, noch nie so gesehen; für mich war »die Kirche« immer eine Institution, die uns sagt, was Glauben ist und wonach wir handeln sollen, nicht als Individuen, sondern als Mitglieder einer Gemeinschaft.

Nun ist nicht jeder Mitglied einer Kirche. Doch es geht auch politisch:

Fast dreißig Jahre später bediente sich Familienministerin Ursula von der Leyen eines ganz ähnlichen Bildes. Der Staat, sagte sie anlässlich einer Debatte über das Ehrenamt, das seien »die großen Arme«, die Menschen mit ihrem bürgerschaftlichen Engagement, das seien die Finger, Finger die viel schneller helfen können. Und Finger, die auf Wunden zeigen. Doch das sagte sie nicht.

»Mitglied« des Staates, das sind wir alle. Nicht passiv, sondern aktiv.

Keine Kirche ohne Mitglieder – kein Staat ohne Gesellschaft. Eine Kirche ohne Mitglieder gibt es genauso wenig wie einen Staat ohne Gesellschaft. Der Staat besteht aus allen Menschen und funktioniert nur mit uns allen. Daher gibt es auch keine abstrakte Politik, die losgelöst von der Gesellschaft existieren kann. Politikwissenschaft vielleicht, aber nicht Politik. Denn was ist Politik? Die Leitung eines Staates? Eine Theorie für das Volk? Parteien um ihrer selbst willen? Oder nur »Organisation«? Das kann es nicht sein. Das ist es auch nicht.

Es gibt keine Politik ohne die Gesellschaft, ohne uns. Jeder macht die Gesellschaft aus. Nicht nur der Westdeutsche, der Mann, der Erfolgreiche oder der Steinreiche, nicht nur der Hauseigentümer, der Manager, der gewählte Politiker oder der Jurist, nicht nur der Arzt, der Lehrer oder der Pfarrer. Auch die Ostdeutschen, die Ausländer, die Frauen, die Erfolglosen und die Obdachlosen, die Armen, die Kinder, die »Illegalen«, die Gefangenen, die Kranken und Sterbenden. Das Handeln und Vorhandensein jedes Einzelnen macht die Gesellschaft aus. Wir alle machen die Politik aus. Jeder von uns.

So ist auch jeder politisch. Nicht parteipolitisch, sondern politisch. Ob er sich engagiert oder nicht. Ob er wählt oder nicht. Ob er sich eine Meinung bildet oder nur kritisch zuhört. Ob er eine Frage beantwortet oder nicht. Ob er Nachrichten schaut oder sich verweigert. Ob er redet oder schweigt. Alles ist politisch. Ob es uns bewusst ist oder nicht. Es ist so. Rosa Luxemburg sagte einst: »Unpolitisch sein, heißt politisch sein, ohne es zu merken.« Man mag von ihr halten, was man will. Damit hat sie recht. Der Staat ist wie ein menschlicher Körper. Was ein Teil tut, hat immer Auswirkungen aufs Ganze. »L'État c'est moi!«, rief der »Sonnenkönig« Ludwig XIV. 1665 aus, »Der Staat bin ich!« Das war einmal! Heute sind wir's.

Was immer wir tun, es wirkt sich auf andere aus.

Das Kaleidoskop

Die Welt ist wie ein Schneeballsystem, in dem jeder der Schneeball ist, der alles in Bewegung bringt, ganz ohne Wertung. Die Welt ist wie ein Kaleidoskop mit unzähligen Steinchen, mit kleinen und großen, runden und eckigen, roten und blauen, gelben und grünen, glänzenden und matten, durchsichtigen und undurchsichtigen. Bewegt sich ein Stein, ändern alle ihre Lage, ganz ohne Hierarchie. Jeder ist ein Teil des Ganzen, und jeder macht das Ganze aus, macht das Ganze erst zu einem Bild. Wenn sich nur einer bewegt, ändert sich das Bild, und wenn nur einer fehlt, ist das Bild ein anderes.

Das kann gerecht oder ungerecht, gut oder schlecht sein – vielleicht auch weder noch. Manche nennen es Fügung, andere Bestimmung, manche Schicksal, andere Zufall. Doch egal, wie man es nennt, es ist, wie es ist: Jedes Leben wirkt sich auf ein anderes aus, auch politisch.

Wo einer ist, da kann kein anderer sein. Und das kann alles ändern.

Die U-Bahn

Nehmen wir als Beispiel die U-Bahn. Weil der eine einen Sitzplatz hat, muss ein anderer stehen. Weil der andere steht, ist er dem Dritten im Weg. Weil der Dritte ausweicht, tritt er dem Vierten auf den Fuß. Weil der Vierte sich ärgert, schaltet ein Fünfter sich ein. Und fängt an zu reden. Von Rücksicht und Recht, von Anstand und Sitte, von Ordnung und Moral, vom Christentum und der CDU. Ein Sechster hört zu und erzählt es der Siebten. Die ist begeistert und berichtet der Achten. Die diskutiert mit dem Neunten, und der regt sich auf. Er ärgert sich maßlos und wählt fortan die Linke. Das ärgert die Grünen, die die U-Bahn doch wollten. Der Umwelt zuliebe.

Politik in der Irre, aber doch Politik.

VI. DIE FOLGE

Die Vielen und die Einzelnen, sie alle, wir alle bewirken etwas. Auf uns kommt es an. Im eigenen Umfeld wie im großen Ganzen. Wir können es, und wir tun es. Das Volk reagiert nicht nur, es agiert zugleich. Die Ostdeutschen erkämpften sich mit ihren Montagsdemonstrationen vor zwanzig Jahren die Demokratie, die wir Westdeutschen nach dem Krieg geschenkt bekommen hatten. Die Grünen wurden von einer Bewegung zur Partei, nachdem die Volksparteien die zunehmende Umweltverschmutzung hartnäckig ignorierten. Die Linkspartei entstand nicht zuletzt, weil die Menschen vor der zunehmenden Globalisierung und deren Folgen für Arbeit und Gesellschaft Angst bekamen und sich mit ihren Sorgen allein gelassen fühlten. Und die Vereinigung der Freien Wähler, die sich vor allem um die Angelegenheiten vor Ort kümmert, nimmt an Beliebtheit zu. Von einem Verschwinden der Demokratie, einem nachlassenden Engagement kann keine Rede sein.

So kann jeder die Gesellschaft verändern – sei es in den eigenen vier Wänden oder in der Nachbarschaft, sei es in der kleinen oder großen Politik. Das alles ist Leben, das alles macht uns aus, die Gesellschaft im Kleinen und die Gesellschaft im Ganzen. Das alles ist Politik.

Und es macht glücklich!

Denn wer etwas für andere tut, tut auch sich selbst etwas Gutes. Das kennt jeder von sich. Ob man jemandem hilft oder sich für ihn einsetzt, ob man ihm etwas schenkt – und sei es auch nur ein Lächeln –, ob man sich für eine Sache stark macht: Es schafft nicht nur Anerkennung, sondern auch Zufriedenheit.

»Geben ist seliger denn Nehmen«, sagt die Bibel; na klar, wird man denken, denn im biblischen Sinne zählt die Selbstlosigkeit, die im Geben liegt. Doch es ist mehr als nur das. Geben ist nicht nur selig, Geben macht glücklich. Auch das kennt jeder von sich selbst. Dass selbst »medizinisches« Geben glücklich machen kann, mag man kaum glauben, ist aber bewiesen: Menschen, die einem anderen eine Niere gespendet haben, fühlen sich hinterher oft reicher als vorher – obwohl sie einen körperlichen Verlust in Kauf genommen haben, obwohl die Operation Schmerzen verursacht und nicht ohne Risiko ist. Das belegen Befragungen für medizinische Studien.

Um wieviel mehr gilt das für unser tägliches Leben. Um wie viel einfacher ist das Glück für uns alle zu haben. Wenn wir uns einsetzen für andere, für eine Sache, uns einsetzen für das Ganze.

Geben macht glücklich. Sich einzusetzen auch.

Politik als Lebensform

Unser Leben ist die Basis der Gesellschaft, der Demokratie, der Politik. Das eine ist ohne das andere nicht denkbar. Unser Leben bestimmt die Politik. Demokratie als Lebensform, sagte einst Bundespräsident Theodor Heuss, heißt: »dem Menschen gleichviel, wer er sei und woher er kommt, als Mensch zu begegnen.« Nichts anderes gilt für die Politik, denn unser Leben ist Politik. Darum gilt es, sie zu nutzen: Politik von Mensch zu Mensch, Politik als Lebensform.

Nach wie vor gibt es Anlässe zuhauf, sich einzumischen. Das braucht die Demokratie, das braucht die Politik, sie ist abhängig davon. Um noch einmal Theodor Heuss zu zitieren: »Die äußere Freiheit der Vielen lebt aus der inneren Freiheit der Einzelnen.« Das stimmt noch heute. Und es stimmt ebenfalls heute wie damals, was der frühere Richter am Bundesverfassungsgericht, Ernst-Wolfgang Böckenförde, vor mehr als vierzig Jahren sagte: »Der freiheitliche, säkularisierte Staat lebt von den Voraussetzungen, die er selbst nicht garantieren kann.« Garantieren können diese Voraussetzungen nur wir. Wir können sie garantieren, gestalten, festigen. Mit unserer »kleinen Politik«.

Alles, was ich erlebt habe, war politisch geprägt, auch wenn ich es anfangs nicht wusste. Und es beeinflusste mein Leben.

Die Vorträge über Berlin an der Highschool in Amerika.
Die Briefe an meinen erfundenen Brieffreund Marian.
Die Gespräche im Kibbuz vor dem Holocaust-Film und danach.
Die Gastfreundschaft in Polen und die Begegnung der »drei Deutschen«.
Das Abendessen zu Ehren von Chaim Herzog in Brühl und die Auseinandersetzung mit dem israelischen Journalisten.
Das Abendessen in San Francisco mit dem Fiasko beim Nachtisch.

Die Montagsdemonstranten.
Jocelyn B. Smith mit ihrem Lied *Amazing Grace* am Brandenburger Tor.
Wunsiedel, das nicht mehr braun ist, sondern bunt.
Die Fußballfans aus Dresden.
Die politischen Onliner im Internet.
Jenny de la Torre Castro mit ihrer Hilfe für Obdachlose.
Clara Anders mit ihrer Erstwählerkampagne.
Antje Vollmer, Martin Kruse und Richard Schröder mit ihrer Mahnwache in Berlin.
Seyran Ates mit ihrem Mut.
Ismael Khatib und sein Leben für den Frieden.
Der Leser aus Ost-Berlin.
Der Lehrer aus Essen.

Und alles, was ich tat, war politisch gewesen, auch wenn ich es anfangs nicht ahnte. Meine Promotion über die Städtepartnerschaften zwischen der Bundesrepublik und der DDR, die *Verschwisterung im Bruderland*. Meine journalistische Arbeit beim Berliner *Tagesspiegel*. Meine juristische Tätigkeit bei der Stiftung »Erinnerung, Verantwortung und Zukunft«. Mein Engagement für die Theodor-Heuss-Stiftung in Stuttgart. Meine Arbeit für das Netzwerk Weiße Rose der Weiße Rose Stiftung e.V. in München. Meine Mitgliedschaft in der Präsidialversammlung und im Präsidium des Kirchentags.

Auch wenn ich nicht Mitglied einer Partei bin, ich bin politisch. Ich mische mich ein. Und nicht nur ich.

Denn es stimmt zwar, dass sich immer mehr Menschen ins Private zurückziehen, sich immer weniger Menschen den Parteien anschließen und die Zahl der Nichtwähler steigt. Aber was heißt denn das? Die Leute haben von den Parteien genug. Aber haben sie auch von der Politik genug? Stimmt es, dass sie, die sich Parteien und Wahlen verweigern, bequem, gleichgültig oder gar unpolitisch sind? Streiten sie weniger über politische Themen? Wenden sie sich tatsächlich ab? Keineswegs.

Keiner Partei anzugehören, heißt nicht, sich von der Politik abzuwenden. Nicht-Wählen heißt nicht Nicht-Politik. Das Interesse an politischen Debatten ist groß. Die Zahl der Einträge in Internetforen ist beträchtlich. Die politischen Diskussionen nehmen zu und nicht ab, wie vielfach vermutet wird. Das politische Interesse lässt nicht nach, wie mancher meint. Im Internet drückt es sich nur anders aus: schneller, individueller, direkter, offener. Doch nicht nur im Netz ist das Interesse gewaltig. Fast bei jeder Unterhaltung spielt Politik eine Rolle, ob zu Hause, in der Kneipe oder am Arbeitsplatz. Wer Kinder heute fragt, was typisch für Erwachsene ist, bekommt oft zur Antwort: »Über Politik reden«. Das stimmt. Es gibt kaum ein politisches Thema, über das nicht nach Kräften gestritten wird.

Der politische Politikverweigerer

Nicht-Wählen ist häufig nichts anderes als ein Protest, ein Denkzettel, eine Art Strafaktion, ein Streik. Ein Streik der Einzelnen, die sich von »ihren« Volksvertretern nicht mehr vertreten fühlen und das Gefühl haben, nur durch spürbaren »Liebesentzug« »denen da oben« zeigen zu können, was sie, »die da unten«, von ihnen halten, nämlich wenig.

Ein Protest zielt darauf ab, seine Meinung zum Ausdruck zu bringen. Ein Denkzettel will erreichen, dass der andere darüber nachdenkt, was auf dem Zettel steht. Eine Strafe hat auch die Resozialisierung im Blick. Ein Streik bündelt den Protest von vielen, um ein gemeinsames Ziel zu erreichen. Proteste, Denkzettel, Strafaktionen und Streiks dienen keinem Selbstzweck. Aus Parteien auszutreten und nicht zur Wahl zu gehen, ist keine Politikverweigerung, sie ist lediglich Parteienverweigerung. Doch regelmäßig verhallt das ungehört und unbeachtet, da die Parteien die vermeintlichen Politikverweigerer lieber dafür beschimpfen, dass sie sich verweigern und nicht wählen, statt sich zu fragen, ob sie nicht vielleicht selbst ein Teil des Problems sind. So bleibt parteipolitisch alles, wie es ist.

Das frustriert.

Man muss darum aber nicht gleich zu einem massenhaften Wahl-Boykott aufrufen, um doch Gehör zu finden, wie es der Journalist Gabor Steingart in seinem Buch *Die Machtfrage – Ansichten eines Nichtwählers* getan hat. Die Hoffnung Steingarts, die Parteien durch Nichtwahl in die Knie zu zwingen, geht in die Irre. Denn Nicht-Stimmen zählen nicht. Das Kalkül Steingarts würde aufgehen, wenn die Nichtwähler im Parlament säßen. Das tun sie aber nicht. Die Nichtwähler erreichen mit ihrem Ziel, die Parteien zu schwächen, das glatte Gegenteil: Die im Parlament vertretenen Parteien erhalten im Verhältnis zur Bevölkerung nur noch mehr Gewicht – und damit noch mehr Macht. Das aber kann selbst ein bekennender Nichtwähler wie Steingart nicht wollen.

Wie wenig die Wahlbeteiligung über den Zustand der Demokratie eines Landes aussagt, zeigen die Beispiele USA und DDR. Der frühere US-Botschafter in Deutschland, John Kornblum, brachte es einst mit den lapidaren Worten auf den Punkt: »Wir Amerikaner sind Weltmeister in der Nicht-Wahlbeteiligung.« – Trotzdem gilt Amerika als ein Kernland der Demokratie – wie die Wahl Barack Obamas zum Präsidenten wieder eindrucksvoll bestätigte. Und, so Kornblum, der als Botschafter in der Wendezeit die DDR gut kannte, süffisant weiter: »Die DDR war mit einer Wahlbeteiligung von 98,8 Prozent sicher nicht demokratischer.« Wer wollte das bestreiten?

Gleichwohl wird der Ruf nach einer Wahlpflicht zuweilen laut, zuletzt nach der Europawahl im Juni 2009 mit ihrer denkbar schlechten Beteiligung. Sogleich forderte der SPD-Bundestagsabgeordnete Jörn Thießen, die Wähler zu verpflichten. »Wir Politiker müssen im Parlament abstimmen, das kann man auch von den Wählern bei einer Wahl verlangen«, sagte er – als sei der Bundestag mit seinen chronisch leeren Bänken ein Vorbild für uns. Thießen will Nicht-Wähler sogar zur Kasse bitten, mit fünfzig Euro Strafgebühr. Die Krönung seiner Aussage aber liegt in der Begründung selbst: »Demokratie ohne Demokraten funktioniert nicht.«

Da hat er recht – nur anders, als er meint.

Nicht wählen zu müssen, ist eine Errungenschaft der Demokratie. Im Parlamentarischen Rat hatte man lange über die Einführung einer Wahlpflicht gesprochen und sie mit gutem Grund verworfen. Nicht wählen zu müssen, bedeutet Meinungsfreiheit, es ist ein gewolltes Mittel der politischen Meinungsäußerung, ein Ausdruck von Freiheit in der Demokratie. Wer keine Wahlpflicht will, muss die Folgen der Wahlverweigerung natürlich in Kauf nehmen. Sie sollte geachtet, nicht brüsk abgetan werden. Wer nicht wählt, darf nicht verteufelt werden. Schon gar nicht von denen, die gewählt werden wollen.

Die Gesellschaft als tägliche Volksabstimmung

Wer mit seinem Wahlverhalten nichts erreicht, sucht andere Wege. Und findet sie. Denn nicht nur die Wähler, auch die Nichtwähler wissen sehr wohl, was sie an der Demokratie haben. Das nutzen beide nach Kräften. Das war immer so und ist heute nicht anders. Waren es früher die großen Demonstrationen, mit denen sie sich zu Wort meldeten, sind es nun die politischen Vereine und Stiftungen, die großen und kleinen Bürgerinitiativen mit ihren kaum zählbaren sozialen und gesellschaftspolitischen Projekten und nicht zuletzt die sich mehrenden Plebiszite über Sachthemen auf Landesebene und in den Kommunen, in denen sich die Zivilgesellschaft heute zeigt – also Volksbegehren, Volksentscheide, Volksinitiativen und Volksbefragungen.

Der Wille, nicht nur das eigene, sondern auch das gemeinsame Leben sicherer und besser zu gestalten, ist ungebrochen, auch wenn das eigene Leben meist im Vordergrund steht. So zeigt sich die Gesellschaft in ständiger Bewegung, in ständigem Fluss. Die Gesellschaft ist ein tägliches Plebiszit, eine tägliche Volksabstimmung. Die Leute mischen sich ein, heute wie früher.

Eigentlich seltsam. Auf den ersten Blick.

Denn die großen Fragen der politischen Einmischung sind nach dem Fall der Mauer, des Eisernen Vorhangs und damit der Machtblöcke verschwunden, die großen

Inhalte der traditionellen Demonstrationen wie die der Friedensbewegung haben an Bedeutung verloren. Die großen Themen von heute wie Klima, Finanzen und Energie machen herkömmliche Aktionen viel schwieriger. Sie sind komplexer geworden, die Adressaten fehlen, und viele Akteure sind unsichtbar. Große Demonstrationen werden zudem misstrauischer beäugt. Nicht nur vom Staat, sondern auch von vielen Bürgern. Vor allem aber: Die Visionen von einst sind alltäglichen Problemen gewichen. Waren die Sorgen von damals global, sind sie heute, ausgerechnet in der Zeit der Globalisierung, privat. Und die Generation der heute Dreißigjährigen kommt als Generation ohne Visionen daher.

Warum?

Damals dreißig

Nach dem Krieg galt es, das Land wirtschaftlich wieder aufzubauen. Der wirtschaftliche Aufschwung war nicht nur die entscheidende Stütze zur Stabilisierung der jungen Demokratie, damals lautete die Formel: Wohlstand und Konsum *sind* die Demokratie. Um die Vergangenheit ging es nicht. Nachdem der Auschwitz-Prozess Anfang der sechziger Jahre die NS-Vergangenheit erstmals schonungslos in die Öffentlichkeit getragen hatte, waren es die Achtundsechziger, die das Schweigen ihrer Eltern schließlich brachen.

Mit dem Slogan »Unter den Talaren – der Muff von tausend Jahren« protestierten sie – zum Teil mit Gewalt – gegen die überkommenen Einstellungen und starren Haltungen und gegen den obrigkeitshörigen »Mief« der fünfziger und sechziger Jahre, der konservativen Gründungsphase der Republik.

Es war auch die Stunde der Feministinnen, die selbst vor ungewöhnlichen Aktionen nicht zurückschreckten. Erinnert sei nur an den 6. Juni 1971, als dreihundertvierundsiebzig Frauen im *Stern* bekannten, abgetrieben zu haben, was damals in Deutschland illegal war. Es war ein Höhepunkt der Frauenbewegung, ein Tabubruch, der – unabhängig davon, wie man selbst zum Thema Abtreibung steht – eine lange überfällige Debatte in Gang brachte.

In den siebziger Jahren erstarkte zudem die Friedensbewegung, die vor allem auch das nächste Jahrzehnt prägen sollte. Zu den Themen Krieg und Frieden kam die Sorge um die Umwelt und die Angst vor Atomkraftwerken. Man besetzte Häuser und war entschieden gegen die Volkszählung, protestierte und klagte dagegen, aus Angst davor, ein »gläserner Mensch« zu werden.

Parallel dazu produzierten die achtziger Jahre aber auch die »Generation Golf«, die sich als unpolitisch verstand, sich wenig um die gesellschaftlichen oder ökologischen Folgen des Wirtschaftswunders scherte und nur die finanzielle Sorglosigkeit genießen wollte, die ihre Eltern geschaffen hatten. Die Massenkinder des Wohlstands lebten einfach vor sich hin. Wer sich nicht als Teil der »Generation Golf« sah, verstand sich weiterhin ziemlich politisch.

Mag die »Generation Golf« das Private, den materiellen Wohlstand und das durch und durch Unpolitische mit Genuss erlebt haben, mich hatte es zur Verzweiflung getrieben, meine Briefe an den fiktiven Marian zeugen davon.

Doch dann fiel die Mauer, und auf einmal war es an uns, den damals Dreißigjährigen, die Vereinigung zu gestalten. Die Alten hielten die wichtigen Reden, aber wir mussten sie leben. Die meisten von uns interessierten sich nicht länger für die Debatten der siebziger und achtziger Jahre. Zur Friedensbewegung hatten wir nie richtig gehört. Das Thema Umwelt war uns zwar wichtig, aber Teil der Bewegung waren wir nicht. Auch nicht Teil der Frauenbewegung. Die Gleichberechtigung interessierte uns zwar, aber nie als gesonderte Frauenpolitik, als Thema für sich, sondern immer als selbstverständlicher Bestandteil aller Politik. Dass die Frauen aus Ost und West es nicht schafften, eine gemeinsame gesellschaftliche Bewegung zu werden, war uns ziemlich egal. Den »FrauenStreikTag« 1994, der ohnedies folgenlos war, fanden wir lächerlich. Die meisten von uns interessierte das alles nicht. Uns interessierten die Gegenwart und das Leben in ihr. Und die Gegenwart war der Mauerfall.

Die Einheit zu leben, die Einheit zu gestalten – das prägt unsere Generation seither, die Generation, die damals um die dreißig war. Es prägte die Ostdeutschen mehr als die Westdeutschen. Doch es prägte uns nicht nur, es ist unser Thema seither. Es lässt uns nicht kalt, und wir mischen uns ein. War die Versöhnung mit Polen ein lebenslanges Thema für die Generation meines Vaters und für ihn ganz besonders, ist die Versöhnung zwischen uns Deutschen unser Thema geworden.

Doch das ist nicht immer leicht. Zweimal schon ist es passiert, dass Westdeutsche eine Debatte vom Zaun gebrochen haben, die zu nichts führte – außer zu Provokation, Streit und Verletzungen. Regelmäßig ging es um Behauptungen, die meine gleichaltrigen ostdeutschen Freunde und mich auf die Palme brachten, sie mehr als mich, aber bei mir kam die Scham dazu.

Beide Male geschah dies ausgerechnet zum Jubiläum der friedlichen Revolution, die Ost und West eigentlich feiern wollten: 1999 und 2009. Zum zehnten Jahrestag ging es »nur« um Kinderkrippen, zum zwanzigsten dann um den ganzen Staat.

1999: *Die Töpfchen*

Vor zehn Jahren befasste sich ein westdeutscher Kriminologe mit einer seltsamen Theorie. Er forschte über die Frage, warum ostdeutsche Jugendliche öfter Ausländer überfallen als westdeutsche, und kam zu einem verblüffenden Ergebnis. Er hatte Bilder von DDR-Kinderkrippen gesehen und dabei festgestellt, dass die Kinder gleichzeitig und nebeneinander auf dem Topf saßen. Dieses autoritäre Erziehungssystem und die einschlägige frühe Erfahrung in der Gruppe habe nicht bloß zu persönlicher Unfreiheit geführt, sagte er, es habe obendrein das Verlangen genährt, auch später in Gruppen zu leben. Darum schlössen sich ostdeutsche Jugendliche gern rechtsradikalen Gruppen an. Dort fänden sie Schutz und Geborgenheit, die sie zu Hause angeblich nicht hatten. Daher die »Rottenbildung« im Osten, quasi als Folge der »Ur-Rotte« in frühester Kindheit, wie eine Berliner Journalistin damals ebenso zynisch wie treffend kommentierte.

Ein Sturm der Entrüstung entbrannte, »was geht den Wessi unsere Kindererziehung an?«, war noch eine harmlose Reaktion – bis schließlich der Kriminologe, der selbst bis zum neunten Lebensjahr in Brandenburg gelebt hatte und immer Sympathie für die Menschen in der DDR empfand, seine These relativierte.

Ich tobte nicht nur. Seine Theorie war mir peinlich ohne Ende.

2009: Der Unrechtsstaat

Zehn Jahre später ging es nicht um so scheinbare Kleinigkeiten, sondern ums Ganze: um den Staat; um die Frage, ob die DDR ein »Unrechtsstaat« war oder nicht. Eine ungute Debatte, die ohne Anlass entstand. Zwanzig Jahre nach der friedlichen Revolution schien die Zeit der »political correctness« vorbei, jetzt ging es ans Eingemachte. Das regte mich auf, dagegen wehre ich mich.

Zwanzig Jahre nach dem Fall der Mauer stehen nicht die Fragen im Mittelpunkt: Wie war das für euch in den letzten zwei Jahrzehnten? Wie lebt ihr heute? Wie habt ihr, wie haben wir gelebt? Was habt ihr gemacht, und was können wir besser machen? Nein. Zwanzig Jahre nach dem Fall der Mauer maßen sich Westdeutsche an, die ehemalige DDR in Bausch und Bogen zu verurteilen und abzustempeln, ohne zu differenzieren, dass das System zwar gewiss kein Rechtsstaat war, aber in dem Land immerhin sechzehn Millionen Menschen lebten, die mitnichten alle Partei-Funktionäre oder Anhänger des Systems waren – sonst wäre es nie zur friedlichen Revolution gekommen; Menschen mit unterschiedlichen Biographien, wie in jedem Land. Andere wiederum, auch Westdeutsche, lobten die DDR, nicht alles, was dort geschehen sei, sei

Unrecht gewesen, schließlich habe es auch dort »gerechte Gerichtsurteile« gegeben.

Im Jahr 2009 tun die Leute so, als sei Ostdeutschland nichts anderes als die Ex-DDR, ein »Heimatmuseum«, wie der brandenburgische Ministerpräsident Matthias Platzeck mitten in der Auseinandersetzung sagte.

Eine solche Debatte in einem Wahljahr anzuzetteln, anders kann man es gar nicht nennen, von Leuten zumal, die die SED-Diktatur nicht erlebt haben, war nicht nur unseriös, es ist letztlich unverzeihlich. Denn sie spaltet das Land, statt Versöhnung zu fördern. Je stärker die Menschen, die in der DDR gelebt haben, in die Ecke gedrängt und gescholten werden, desto trotziger zeigen sich viele von ihnen. Es ist ein normaler Reflex auf überzogene Angriffe. Es ist nicht nur verständlich, sondern notwendig, um das eigene vergangene Leben, so angreifbar es vielleicht gewesen sein mag, als Teil des heutigen, des ganzen eigenen Lebens annehmen zu können und erträglich zu machen.

Die Diskussion spaltet das Land nicht nur in Ost und West, sondern auch in Ost und Ost. Eine Umfrage belegt das. Nach einer Untersuchung des Leipziger Instituts für Marktforschung erklären einundvierzig Prozent der Ostdeutschen, dass die DDR kein Unrechtsstaat war. Wer nun meint, die Ostdeutschen wollten die SED-Diktatur verharmlosen, der irrt. Denn in derselben Umfrage sagen zweiundvierzig Prozent, dass bestraft werden soll, wer das DDR-Unrecht verharmlost oder den Schießbefehl leugnet. Da zeigt sich kein Gegensatz zwischen Ost und West, sondern ein Streit zwischen Ost und Ost – ein Streit, den Westdeutsche schürten und nutzten.

Das Wort Unrechtsstaat wird nicht juristisch diskutiert, sondern als politischer Kampfbegriff missbraucht.

Wer immer gefragt wird, ob die DDR ein Unrechtsstaat war, kann nur falsch antworten. Sagt er Ja, ist es falsch, weil er das Leben in der DDR verleugnet. Sagt er Nein, ist es falsch, weil er das System verharmlost. Die ganze Frage ist verkehrt, der Begriff zerstört nur und macht Differenzierungen unmöglich. Selbst Bundeskanzlerin Angela Merkel scheute vor der Debatte nicht zurück. Der konnte sie vielleicht nicht ausweichen, als Bundeskanzlerin musste sie wohl Stellung beziehen. Doch auch sie bezeichnete die DDR als Unrechtsstaat. Denn es ging ja um den Wahlkampf, um die Bekämpfung von SPD und Linkspartei. Und Merkel war Spitzenkandidatin der CDU.

Der Aufarbeitung der Vergangenheit dient diese Debatte jedenfalls nicht. Bei aller Freude über die Vereinigung reißt sie vor allem neue Wunden auf und schürt allfälligen Hass. Der Streit führt zu Verletzungen, die bleiben werden, auch wenn der Wahltag längst vorbei ist. Das ist anders als bei jedem anderen Wahlkampfthema. Ich kann kaum noch zählen, mit wie vielen Menschen ich über das Thema gesprochen habe. Entsetzen überall. Aber wir konnten uns einigen, wir verstanden uns. Wir sind versöhnt. Das ist das einzig Tröstliche und vielleicht auch nicht unwichtig, denn wir müssen es leben. Darum geht es im Leben: Dass wir reden und uns einsetzen, dass wir das, was »die da oben« sagen, nicht einfach hinnehmen, sondern uns wehren und uns einmischen.

Das ist so ein Thema, das uns ziemlich beschäftigt und auch weiter beschäftigen wird. Uns Deutsche in Ost und West, die damals dreißig waren.

Aber was ist mit denen, die heute um die dreißig sind? Die Kinder der Siebziger aus dem Westen und die Ostdeutschen, die beim Mauerfall noch in die Schule gingen? Was bleibt ihnen zu tun in einer Zeit, in der das Grundgesetz zu seinem sechzigsten Geburtstag bejubelt und Deutschland als glückliche und lernfähige Demokratie gefeiert wird? Wollen sie überhaupt etwas tun?

Heute dreißig

Sie wirken unpolitisch, scheinen mehr mit sich selbst beschäftigt und weniger bereit zu sein, etwas für andere zu tun, für die Gesellschaft schon gar nicht. Eine politische Jugendszene jedenfalls gibt es nicht mehr.

Das verschulte Studium lasse ihnen keine Zeit für gesellschaftliches Engagement, sagen die einen. Die Einführung von Studiengebühren ohne finanziellen Ausgleich über das Bafög erhöhe zusätzlich den zeitlichen Druck, schnell fertig zu werden. Das erzeuge einen neuen Egoismus. Andere sagen, das Demonstrieren sei ihnen erfolgreich aberzogen worden. Mit der Pensionierung der Lehrer aus der Achtundsechziger-Generation sei darüber hinaus der Druck gewichen, sich bekennen, gar handeln zu müssen. Als müssten sie sich verteidigen.

Viele leben ihr Leben auch in bewusster Opposition zu ihren Eltern, was ja nicht eben neu ist. Galten die Eltern als politisiert und locker, wollen viele Junge nun »spießig« sein. Wovor wir noch wegliefen, feiern heute nicht wenige als Kult. Die wollen sich erst gar nicht verteidigen.

Oder ist aus der damals westdeutschen »Generation Golf« eine neue, diesmal gesamtdeutsche »Generation Doof« geworden, wie ein Beststeller aus dem Jahr 2008 suggeriert? Eine Generation, die die Autoren des Buches im Alter zwischen fünfzehn und Ende dreißig ansiedeln, die keine Ahnung mehr hat und genau damit kokettiert? Eine Generation, deren Vertreter »einen Baum nicht mehr vom anderen unterscheiden« können, die mit ihrem blanken Unwissen ins Fernsehen gehen und sich als Experten hinstellen, Leute, »die einfach mal in eine Videokamera furzen und das ins Internet stellen, weil's vermeintlich lustig ist«, wie einer der beiden Autoren des Buches, Stefan Bonner, meint? Diese Gruppe will sich weder verteidigen, noch feiert sie einen Kult, sie ist, wie sie ist, und dazu steht sie.

Keine Illusionen

Richtig ist: Die Jungen von heute leben anders als wir zu unserer Zeit. Sie haben es schwerer und leichter zugleich. Es gibt mehr Patchwork-Familien, mehr Alleinerziehende, mehr zerrüttete Familienverhältnisse, viele Schulen fühlen sich überfordert. Viele Jugendliche wiederum fühlen sich alleingelassen, missverstanden oder gar nicht verstanden. Trinken bis zur Besinnungslosigkeit, das »Koma-Saufen«, kannten wir nicht, heute ist es »in«, vor allem bei ganz jungen Leuten. Essstörungen kannten wir auch nicht, zumindest nicht in dem Ausmaß. Heute hören wir täglich davon, fast jeder kennt jemanden, der einmal magersüchtig war oder Essstörungen hat. Gewaltvideos und Killerspiele, die ich nicht aushalten könnte, sind für viele ganz normal. Die Zahl derer, die sich in die Anonymität des Internets flüchten, nimmt zu. Bei den weniger Jungen ist es das »second life«, ein »zweites Leben« im Internet, wo man sein kann, wie man will; dort leben sie ein Leben als Avatar, ein digitales Alter Ego, mit allem Drum und Dran; ein Leben, das sich auch Firmen und Zeitungen aus der wirklichen Welt nicht entgehen lassen und das selbst in der analogen Welt immer wieder eine Rolle spielt – so sind Zeitungskritiken über Theateraufführungen im »second life« keine Ausnahme. Der Hype ist zwar vorüber, aber noch immer tummeln sich eine Million Avatare pro Monat im Netz. Bei den Jüngeren sind es andere Plattformen. Sie dringen selten in die Öffentlichkeit. Sie sind einsam, isoliert und brutal. Amokläufe an Schulen sind ein neues Phänomen unserer Zeit, in Ost und West, und werden häufig darauf zurückgeführt: Erfurt 2002, Emsdetten 2006 und zuletzt Winnenden 2009.

Dafür: Pragmatisch

Auf der anderen Seite steht den jungen Leuten die Welt in einer Weise offen, die für uns noch unvorstellbar war, und sie nutzen ihre Möglichkeiten nach Kräften. Ein Studiensemester in Lettland, »Work and Travel« in Mexiko, ein Praktikum in Tansania – das alles ist heute nicht annähernd so ungewöhnlich wie für uns damals ein Schüleraustausch in den USA. Weltweit Kontakte zu haben, ist für sie dank *Facebook* und anderer sozialer Netzwerke im Internet selbstverständlich. Viele junge Leute leben gut organisiert und ziemlich pragmatisch. Auch Politik sehen sie eher pragmatisch denn ideologisch. Die Grünen zu wählen und gleichzeitig Elite »cool« zu finden, ist für sie kein Widerspruch. Dass es für uns noch um »links« oder »rechts« und zuweilen »um alles« ging, erstaunt heute so manchen. Manchmal lächeln sie darüber – wenn sie einen mögen, ziemlich milde.

Aber: Unpolitisch?

Die heute Zwanzig- bis Dreißigjährigen in Deutschland leben in Verhältnissen, die kaum noch grundsätzliche Fragen aufzuwerfen scheinen. Der Frieden ist da, Demokratie und Freiheit nach dem Fall der Mauer für alle Gott sei Dank endlich auch. Die Umwelt ist weitgehend im Bewusstsein der Gesellschaft verankert. Die Frauenbewegung interessiert nur noch die Alten von gestern. So sehr es die Alten auch verdrießt: Heute will niemand mehr Feministin und schon gar nicht auf sein Geschlecht reduziert sein. Frauen in der Politik sind zwar immer noch nicht die Regel, aber schon lange nicht mehr die Ausnahme wie man an Angela Merkel sieht, mit der 2005 erstmals eine Frau das Kanzleramt übernahm.

Auch die Volkszählung regt niemanden mehr auf. Es werden fast dreißig Jahre vergangen sein, wenn es wieder so weit ist: im Mai 2011. Wohlweislich nennt man sie anders: nicht Volkszählung, sondern »Zensus«. Es werden auch nicht mehr alle befragt, sondern nur einige Stichproben erhoben. Der Rest läuft über die Abfrage von Ämtern. Aber im Kern ist es dasselbe. Haben wir 1983 aus Angst vor dem »Gläsernen Menschen« dagegen gekämpft, sind auf die Barrikaden gegangen und haben es sogar geschafft, die Volkszählung höchstrichterlich abzuwenden, gejubelt und uns darüber gefreut, dass sie vier Jahre später nur in abgespeckter Form möglich war, erhalten wir dafür von den Jungen heute nur ein müdes

Lächeln. Der »Gläserne Mensch« ist normal geworden, auch wenn sich niemand so nennt. Die Jungen haben sich nicht nur daran gewöhnt, dass der Staat alles weiß, sie machen selbst fröhlich mit. Hatte das Bundesverfassungsgericht 1983 ein neues Grundrecht geschaffen, das Recht jedes Einzelnen, über seine Daten selbst zu bestimmen, machen die Jungen von heute davon umgekehrt Gebrauch. Sie bestimmen buchstäblich selbst über ihre Daten, aber nicht, um sie zu schützen, sondern um sie preiszugeben.

Sie stellen schnell gedrehte Handy-Videos, Bilder und Daten, recht Intimes zuweilen, ins Internet – nicht nur ohne Scheu, sondern mit höchstem Vergnügen; die anderen tun es schließlich auch, und man will ja dabei sein in der virtuellen Community. Man will »freunden« nach Kräften, je mehr man es tut, desto mehr ist man wert. Man sucht den Partner fürs Leben oder einfach nur Spaß. Es ist ihnen egal, dass jeder alles sehen kann, auch die, für die es gar nicht bestimmt ist. Es macht ihnen nichts aus, dass das Internet nicht vergisst. Das Private, um das es uns damals ging, gibt es nicht mehr.

»Wer nichts zu verbergen hat, hat auch nichts zu befürchten«, lautet das gängige Argument des Staates, wenn er sich wieder einmal für unsere Daten interessiert, ob im Internet, im Computer zu Hause oder im eigenen Handy. Und die Jungen sagen: »Stimmt doch! Was haben wir schon zu verbergen?« Die Datenskandale in der Wirtschaft, von Lidl, der Telekom bis hin zur Deutschen Bahn, bekommen sie zwar mit, aber es erschüttert sie nicht. Es betrifft sie ja auch nicht. Datenschutz ist ein antiquiertes Wort geworden, ein Wort aus der Steinzeit, und nur wir Steinzeitmenschen sind es, die sich noch für ihn einsetzen. Die Jungen interessiert das nicht mehr. Wen reizt es heute schon, sich gegen Eingriffe des Staates oder gar das ganze System aufzulehnen, und, so fragen sich die meisten: warum auch, wozu?

Doch auch wer ohne den revolutionären Weltgeist aufgewachsen ist, ohne eine politische Jugendszene, ohne die Ideologieschlachten von damals, ohne Ost-West-Konflikt und atomares Wettrüsten, ohne Tschernobyl, die Frauenbewegung und ohne Angst vor dem Staat, ist nur scheinbar weniger politisch. Er gibt sich vielleicht so, er ist es aber nicht. Er ist nicht unpolitisch – und schon gar nicht doof. Wenn die Zeit große Themen aufwirft, klare Fragen stellt und klare Ziele setzt, ist es nur leichter, sich hörbar zu Wort zu melden und etwas zu tun. Es ist darum aber nicht besser oder wichtiger und schon gar nicht berechtigter.

Die vermeintliche Ziellosigkeit der heutigen Einmischung stellt ihre Berechtigung nicht in Frage. Nicht nur wer Großes bewegt, bewegt etwas. Nicht nur wer die Mühen der Berge überwunden hat, hat etwas geleistet, sondern auch wer sich den Mühen der Ebenen stellt. Man muss nur genauer hinschauen, um es zu sehen. Die Fragen von damals lagen auf der Hand, und die Antworten schienen klar. Die Themen von damals waren groß. Die Themen von heute erscheinen klein, auch weil sie differenzierter und nicht zuletzt persönlicher geworden sind. Darum hat sich so Vieles, was man unter zivilem Engagement, unter ziviler Einmischung versteht, in kleinere Gruppen verlagert, in Stiftungen, Vereine, Bürgerinitiativen und ins Internet. Das erschwert es der heutigen Generation, sich in der Fülle von »Angeboten« öffentlich sichtbar und für alle vernehmbar zu Wort zu melden.

Die jüngere Generation ist nüchterner, als wir es waren. Sie ist nicht mehr so aufgeladen und auch nicht rebellisch. Sie ist resistenter gegen Enttäuschungen und resistenter gegen Heilsversprechungen, aber nicht resistent gegen Ungerechtigkeiten. Die Jüngeren berauschen sich nicht an Theorien, sondern stehen auf dem Boden der Tatsachen. Dort mischen sie sich ein. Sie stellen keine klar erkennbare Gruppe mehr dar, sondern sind eine uneinheitliche, bunte Truppe, die jeweils dort etwas tut, wo sie es für richtig hält. Manche nennen es Entpolitisierung, in Wahrheit verbirgt sich dahinter Pragmatismus. Denn die jüngere Generation lebt nicht nur pragmatisch, sie ist es auch.

Vielleicht ist die Ideologieferne der heute Zwanzig- bis Dreißigjährigen gar nicht so schlecht. Vielleicht ist die Summe der vielen kleinen Schritte anstelle utopischer Visionen für den gesellschaftlichen Konsens in den Zeiten der wirtschaftlichen Krise eher förderlich. Denn eins wollen sie alle: die allmähliche Verbesserung der Gesellschaft.

Friedliche Langeweile

Die Gesellschaft hat sich verändert, sie ist diffuser geworden. Die alten Muster von Familie und Tradition zählen weniger, neue Formen des Zusammenlebens, die erstarkte Rolle der Frauen, die Vereinbarkeit von Familie und Beruf, das alles sind Fragen, die die Gesellschaft von heute beschäftigen. Hinzu kommen die wachsenden Sorgen um den Arbeitsplatz, die Rente, die eigene Zukunft und die der Kinder. Angesichts der weltweiten Finanz- und Wirtschaftskrise stehen vor allem diese Probleme derzeit im Mittelpunkt. Die Menschen sind unsicherer geworden, es fehlt an klarer Orientierung. Aber ihre Fragen sind darum nicht weniger wichtig.

Die Themen von heute liegen zwar auch auf der Hand, nicht aber die Antworten darauf. Mit Gesellschafts- und Familienpolitik lässt sich allenfalls ein kleiner Staat machen, zu heterogen ist die Gesellschaft inzwischen. Die Politik erreicht stets nur einen Teil von ihr, und der Teil der Gesellschaft, der etwas durchsetzen will, spricht nie für das Ganze, sondern immer nur für sich.

Selbst die Finanz- und Wirtschaftskrise ist nicht dazu angetan, eine Revolution anzuzetteln. Die Krise geht alle an, den Staat, die Wirtschaft, die Gewerkschaften, ja, die gesamte Gesellschaft, eben jeden von uns. Da weiß man, dass man zusammenhalten muss. Man weiß, dass es Aufgabe der Politik ist, Lösungen zu finden; alle sind daran interessiert, dass dies auch geschieht. Es sind komplizierte Fragen, auf die es keine einfachen Antworten gibt. Fragen, die aber beantwortet werden müssen; Fragen also vor allem für Profis. Von Professoren gestellt, von Professoren beantwortet. Hier finden Wirtschaftsweise, die sich auch gern mal wichtig nehmen, zu Recht Gehör.

Die Gesellschaft weiß aber auch, dass sie mitwirken muss – mit Kritik, wenn sie angebracht ist, und mit Lösungsvorschlägen, die helfen. Aber nicht mit Krawallen. Gewaltsame Massenproteste gibt es nicht. Am 1. Mai 2009 waren zwar deutlich mehr Menschen auf den Straßen als im Jahr zuvor, aber die Ausschreitungen, die es gab – zwischen militanten Linken und Rechten in vielen Städten und die Krawalle in Berlin-Kreuzberg –, waren keine neuen sozialen Unruhen, sondern leider Tradition. Auch wenn es in Kreuzberg zu den schlimmsten Ausschreitungen seit Jahren kam und dort im Jahr 2009 doppelt so viele Polizisten verletzt wurden wie noch im Jahr zuvor, auch wenn dort erstmals in der leidigen Geschichte der Mai-Krawalle wegen Mordversuchs ermittelt wurde – mit der Wirtschafts- und Finanzkrise hatte das alles nichts zu tun. Wer das behauptet, liegt falsch.

Soziale Unruhe ist da, ohne Frage, und sie braucht ihren Platz. Die Menschen haben nicht nur Existenzsorgen, sie wollen ihre Empörung auch zeigen, ihre Wut über eine Wirtschaft, die Banken zumal, für deren missglückte, ja zum Teil verantwortungslose Unternehmens- und Finanzpolitik sie, die Bürger, mit Hunderten Milliarden Steuergeldern geradestehen müssen. Ganz zu schweigen von den zum Teil maßlos überzogenen Managergehältern und Abfindungen, die nicht nur keiner versteht, sondern längst bei der gesamten Bevölkerung bis hin zu den Spitzen der Kirchen, ja selbst bei Bundespräsident Horst Köhler für Entrüstung sorgen. Ein solcher Unmut muss heraus. Es ist wichtig und notwendig, ihn nicht für sich zu behalten, sondern der eigenen Wut und Unruhe auch öffentlich und vernehmbar Luft zu verschaffen. Die soziale Unruhe hat ihren Platz. Nicht nur die großen Demonstrationen bei Opel und Conti und vielen anderen Unternehmen haben das gezeigt. Auch die Kundgebungen zum 1. Mai.

Die mögen zwar manche als langweilig empfunden haben, weil es so friedlich und unspektakulär zuging, weil es immer das Gleiche zu sein scheint, wenn auch mit neuen Transparenten und mit anderen Parolen, so doch mit den immer gleichen Gesichtern auf den Podien.

Aber es ist allemal besser als sinnlose Gewalt. Es ist ein Beweis für eine gewachsene und inzwischen erwachsen gewordene Demokratie.

»Soziale Unruhen« herbeizureden, ist hingegen fahrlässig und unverantwortlich. Mit sozialen Unruhen verbinden wir gewaltsame Ausschreitungen. Soziale Unruhen heraufzubeschwören heißt, Gewalt zu legitimieren. Gewalt provoziert Gegengewalt, und die ist nicht demokratisch. Das will das Volk nicht. Die Gesellschaft weiß, dass es gilt, Ruhe zu bewahren. Ruhe aber nicht im Sinne einer ersten Bürgerpflicht, die zum Nichtstun verdammt, sondern Ruhe im Sinne von gewaltloser Kritik, im Sinne von Unruhe ohne Gewalt. Wer zu sozialen Unruhen aufruft, ruft am Volk vorbei. Denn das lässt sich nicht instrumentalisieren – schon gar nicht um eines Wahlkampfes willen. Da machen wir nicht mit. Denn wir alle wissen: Erst derart heraufbeschworen wird die Krise zur wirklichen Krise und damit zur Gefahr für die Demokratie. Darauf lassen wir uns nicht ein. Dann lieber langweilig sein. Unser Protest soll etwas bringen, er soll konstruktiv sein und nicht destruktiv.

Rückzug ins Private? – Von wegen!

Heißt das nun: Stillstand? Starre? Rückzug ins Private? – Mitnichten.

Die Einmischungen von früher waren in fast jeder Phase sichtbar und leicht. Die Einmischung von heute ist weniger sichtbar und mühseliger. Aber darum nicht weniger wert, und schon gar nicht weniger politisch. Jede Frage jedes Einzelnen ist von Bedeutung, jede Einmischung jedes Einzelnen ist wichtig, ob es um die Finanzkrise geht oder um die eigene Familie.

Dass große Themen an Bedeutung verloren haben, heißt nicht, dass sich die Menschen weniger einsetzen. Sich heute einzumischen, ist nur weniger spektakulär, unaufregender und unaufgeregter. Die heutige Art, sich einzumischen, steht der Friedlichkeit der Themen in nichts nach. Sie zeigt sich in Zehntausenden sozialen und gesellschaftspolitischen Projekten. Sie zeigt sich im Internet. Und sie zeigt sich immer wieder an der wachsenden Zahl von Bürgerbegehren, bei denen es nicht um Krieg oder Frieden, nicht um Ideologien oder Theorien geht, sondern meist um die kleineren Dinge. Um nachbarschaftliche Belange, um Straßen, Naturschutzgebiete und Flughäfen, um Schulen und Nichtraucherschutz, aber auch um so wichtige Fragen wie die der Familienpolitik oder der Bedeutung von Religion und Glauben im öffentlichen Leben.

Seit Jahren nimmt die Zahl der Volksabstimmungen zu. In den ersten sechsundvierzig Jahren der Bundesrepublik, in der Zeit der großen Demonstrationen, gab es auf Länderebene gerade einmal fünfundzwanzig Plebiszite. Seit 1991, in einer Zeit, in der politisch alles erledigt schien, ist die Zahl fast um ein Zehnfaches gestiegen. Auf kommunaler Ebene sind die Menschen noch aktiver: Seit Mitte der neunziger Jahre hat sich die Zahl der Plebiszite verdreifacht. »Wahlbeteiligung runter – Bürgerbeteiligung rauf«, brachte es der Berliner Sozialwissenschaftler Otmar Jung einst treffend auf den Punkt. Lust an Politik zeigt sich da. Und bürgerschaftliche Verantwortung. Aus dem Untertan der Nazi-Zeit ist ein Bürger geworden, ein Bürger, der weiß, dass es auf ihn ankommt. Der Protest, das Engagement, die Einmischung hat die Basis erreicht. Das Private wird wieder öffentlich.

In den sechzig Jahren, die Deutschland nun besteht, hat sich das System der großen und kleinen, jedenfalls permanenten Einmischung bewährt. Das ist das Wesen der Demokratie. Demokratie ist kein Zustand, sondern ein ständiger Prozess.

Die unbequeme Zivilgesellschaft

Kaum ein Politiker, der das nicht weiß; kaum ein Politiker, der bürgerschaftliche Verantwortung und Zivilgesellschaft nicht fordert und lobpreist. Der politische Blick verklärt sich schon, wenn nur das Wort »Zivilgesellschaft« fällt. Dazu besteht oft genug Anlass.

Immer mehr Menschen engagieren sich, es gibt eine unüberschaubare Menge von Vereinen, die Zahl der Stiftungen steigt von Jahr zu Jahr. Es scheint geradezu eine neue Kultur der Stiftungen zu geben, was natürlich auch am neuen Stiftungsrecht und der steuerlichen Förderung liegt, aber eben nicht nur. Selbst hochmögende Clubs wie Rotary und Lions Clubs tun mehr als früher. Es ist fast schon »in« geworden, sich für andere einzusetzen.

So: Das scheinbar bequeme Ehrenamt

Die Initiativen setzen dort an, wo der Staat nicht mehr weiter kann oder will oder schon die Segel gestrichen hat. Sie helfen ausländischen Schulkindern bei den Hausaufgaben, kochen in Suppenküchen Mittagessen für Bedürftige, pflegen Alte, suchen Ausbildungs- und Arbeitsplätze für Schulabgänger und junge Arbeitslose, kümmern sich um Flüchtlinge und Asylbewerber, um Kranke und Bedürftige, um alleinerziehende Mütter und ihre Kinder, um ungewollt schwanger gewordene Frauen, um Insassen von Gefängnissen und Haftentlassene, spenden Geld für Dinge, die der Staat nicht mehr finanziert. »Sie kriechen unter den Teppich, unter den Hartz-IV die neuen Armen der Gesellschaft gekehrt hat«, brachte es der Journalist Heribert Prantl treffend auf den Punkt. Klar, dass der Staat darüber froh ist – nicht nur, weil er es schätzt, wenn seine Bürger soziales und ziviles Engagement zeigen, sondern auch (und vor allem?), weil ihn die vielen Helfer mit ihrer breiten Unterstützung entlasten. Denn der Staat weiß genau: Es fehlt an allen Ecken und Enden. Dass es in einigen Kreisen auch noch schick geworden ist, ehrenamtlich zu helfen, kommt ihm da gerade recht.

Aber die Ehrenamtlichen brauchen mehr Unterstützung, sie haben es schon schwer genug. Nicht jeder Arbeitgeber sieht es gern, wenn seine Angestellten auch einmal Arbeitszeit benötigen, um ihre ehrenamtliche Aufgabe zu erfüllen. Obendrein finden viele, nicht nur Arbeitgeber, sondern ein Großteil der Bevölkerung, mit den Steuern, die sie zahlten, täten sie schon genug. Das ist zwar verständlich, aber oft nicht viel mehr als eine faule Ausrede. Es ist jedenfalls kein hinreichender Grund, sich auf den Staat zu verlassen. Denn alleine schafft er es nicht.

Schon deshalb muss der Staat die sozial engagierte Zivilgesellschaft nach Kräften unterstützen. Trotzdem achtet er sie zu wenig. Mal vergibt er ein Verdienstkreuz, mal lobt er das Ehrenamt. Ursula von der Leyen, im Jahr 2009 als Familienministerin für das Ehrenamt zuständig, lobte das bürgerschaftliche Engagement gar als die »Blüte der Demokratie« und schwärmte davon, wie wunderbar es doch sei, dass sich die Bürger »in ihre eigenen Angelegenheiten« einmischten. Doch gleichzeitig beginnt der Staat, sich auf diese »Blüte« zu verlassen, als seien die »Angelegenheiten« der Bürger nicht auch seine. Nicht, weil er glaubt, das Volk sei endlich so erwachsen geworden, dass es nun verlässlich sei, er verlässt sich auf die Zivilgesellschaft, weil sie ihm Geld und eigenes Engagement erspart. Der Staat weicht zurück, er zieht sich zurück. Er verlässt sich auf die soziale Zivilgesellschaft und verlässt gleichzeitig sein ureigenes Aufgabengebiet.

Einige Kritiker malen schon das Bild an die Wand, nach dem sich der Staat nicht nur zurückzieht, sondern letztlich auch die Verantwortung für den Sozialstaat auf den Einzelnen und die Zivilgesellschaft abwälzt. Frei nach dem Motto: Selbst schuld, wenn ihr die Folgen der Wirtschaftskrise mit eurem sozialen Engagement nicht abwenden könnt.

Soweit ist es natürlich noch nicht, aber dass der Staat sich zunehmend aus seiner Verantwortung stiehlt, das stimmt.

Am Beispiel des Mittagessens für Schulkinder kann man das trefflich beobachten. Waren Schulspeisungen früher selbstverständliche Sache des Staates, sind kostenlose warme Mahlzeiten in der Schule heute die Ausnahme. In Potsdam etwa hat das der Verein »Arche« übernommen, er kocht für die Kinder, mit freiwilligen Helfern und auf Spenden gebaut. Und nicht nur dort. Das aber kann die Lösung nicht sein, wenn immer mehr Politiker staatliche Ganztagsschulen fordern. Wer das will, darf sich nicht auf den Einsatz von Privatpersonen verlassen. Wer staatliche Ganztagsschulen will, muss selbst für ein kostenloses Mittagessen sorgen. Der Bundestag, immerhin, hat inzwischen ein bundesweites »Schulobstprogramm« beschlossen, um den Vitaminmuffeln zu Leibe zu rücken; Äpfel und Bananen für alle, die EU will es so. Das klingt zwar wie ein Witz, aber es ist besser als nichts.

Statt im sozialen Engagement der Zivilgesellschaft das zu sehen, was es ist: eine Ergänzung des Sozialstaates, nimmt der Staat es mehr und mehr als das wahr, was es nicht sein kann und nicht sein darf: als Ersatz für den Sozialstaat. Um die Finanzen steht es schlecht, soll es das Volk doch richten.

Und so: Die unbequemen Einmischer

So sehr Staat und Politiker die Zivilgesellschaft, die ihnen nützt, loben, so sehr sie die Zivilgesellschaft schätzen, die etwas »für den Staat« tut oder im Sinne der Parteipolitik handelt, so wenig schätzen sie es, wenn sich die Zivilgesellschaft unbequem einzumischen beginnt. Dann werden sie misstrauisch. Dann soll es das Volk lieber doch nicht richten.

Schon gar nicht, wenn sich die Zivilgesellschaft aus dem rein sozialen Bereich heraus- und in das gemeinhin politisch genannte Feld hineinbewegt – als ob das nicht zusammengehöre, als ob die soziale Frage keine politische Frage sei, als ob das Soziale nicht das Leben aller Menschen beträfe, ob als Einzelne oder in der Gemeinschaft, also letztlich die ganze Gesellschaft. Die Diskussion um soziale Unruhen im Krisenjahr 2009 zeigte das mehr als deutlich.

Wenn aber die Zivilgesellschaft sich einzumischen beginnt, etwas ändern will, tatsächlich Zivilcourage zeigt und dabei den Parteien in die Quere kommt, wenn sich die Zivilgesellschaft auf ihren Bürgerrechten nicht ausruht, sondern sie – ganz im Wortsinn als Bürger-Recht – gar in Anspruch nimmt, dann wird die alte Grenze zwischen »denen da oben« und »denen da unten« schnell wieder gezogen. Man erinnere sich nur an die Proteste gegen den G8-Gipfel in Heiligendamm 2007. Dort griff der Staat sogar zu militärischen Mitteln, um den Kritikern Einhalt zu gebieten – vergebens.

Gewaltsamer Protest und gewaltsame Gegenwehr sind kein Ruhmesblatt der Demokratie. Das steht außer Frage. Kritik aber unterdrücken zu wollen, ist undemokratisch – und sinnlos. Denn sie bricht sich immer Bahn, in der Regel mit friedlichen Mitteln. Aber auch das kommt oft nicht gut an.

Politiker mögen es nicht, wenn sich das Volk auch jenseits der Wahlen zu Wort meldet, jedenfalls dann nicht, wenn ihnen das Wort missfällt. Denn dann ist es aus mit dem parteipolitischen Durchregieren. Dann müssen sie sich am Ende womöglich danach richten. Darum wehren sich auch so viele gegen Volksbefragungen, Volksbegehren und Volksentscheide auf Bundesebene. Weniger, weil sie glauben, dass dabei nur unverantwortliches Zeug herauskommt, obwohl sie das immer wieder gern behaupten, als müssten sie das Volk vor sich selbst schützen, sondern weil sie um ihre Macht fürchten. Zwar mehren sich inzwischen die Stimmen derer, die zumindest Volksabstimmungen über politische Themen befürworten, aber bislang ist das alles Theorie.

Stattdessen aber die Flucht nach vorn zu ergreifen und bürgerschaftliche Beteiligungen und Plebiszite »wunderbare pädagogische Veranstaltungen« zu nennen, wie es Münchens Oberbürgermeister Christian Ude einmal tat, geht an der Sache vorbei. Für die Politiker mag das stimmen, für die Bevölkerung ist es falsch.

Das zeigte zuletzt der Volksentscheid »Pro Reli« im April 2009 in Berlin. Es ging um die Frage, ob die bisherige Berliner Lösung – Ethik für alle als Pflichtfach, Religion für jene, die das wollen – beibehalten werden sollte, oder ob es eine Wahl zwischen den Pflichtfächern Religion und Ethik geben solle. Am Ende scheiterte der Volksentscheid grandios. Nicht nur verfehlte er die erforderlichen Stimmen, um überhaupt Gültigkeit zu erlangen, auch die Mehrheit derer, die abgestimmt haben, entschied sich gegen »Pro Reli«. Und dennoch fühlten sich selbst die Verlierer als Gewinner: »Allein die Diskussion war wertvoll«, lautete das Fazit des »Pro-Reli«-Initiators Christoph Lehmann. In der Tat hatte es in der atheistisch geprägten Hauptstadt noch nie eine so ernsthafte Debatte über den Stellenwert von Religion und Glauben im öffentlichen Leben gegeben. Der Demokratie hat das nur genützt.

Dass eine Volksabstimmung in Sachen Religion auch anders ausgehen kann, zeigte das Beispiel Niedersachsen 1994. Kurz nach der Einführung von Volksabstimmungen hatte eine Volksinitiative, die den Gottesbezug in der Landesverfassung verankern wollte, Erfolg. Nach langer Debatte wurde die Präambel geändert. Sie lautet seither: »Im Bewusstsein seiner Verantwortung vor Gott und den Menschen hat sich das Volk von Niedersachsen durch seinen Landtag diese Verfassung gegeben.«

Am Volksentscheid »Pro Reli« in Berlin konnte man allerdings auch bilderbuchmäßig erkennen, wie gern Politiker, die dem Volk so wenig trauen, eine Entscheidung des Volkes instrumentalisieren: Der Regierende Bürgermeister Klaus Wowereit setzte alles daran, die bisherige Regelung beizubehalten. Er nutzte zur Finanzierung der Anzeigenkampagne sogar Steuergelder, was die Gerichte in mehreren Instanzen beschäftigte. Zu den Befürwortern von »Pro Reli« wiederum gesellte sich ungeahnte Politik-Prominenz. Selbst die Bundeskanzlerin rührte die Werbetrommel – obwohl sie mit der Landespolitik Berlins gar nichts zu tun hat.

Dass die Politiker bei so etwas je nach Gutdünken gern mitmischen, kann niemanden überraschen. Verräterisch aber wird es, wenn Parteien die Themen setzen wollen, wenn sie für Volksabstimmungen eintreten, die vor allem ihren eigenen Zwecken dienen, wie etwa das Vorhaben der CSU, zentrale Themen der Europapolitik und grundsätzliche Entscheidungen der EU vom Volk absegnen zu lassen. Das könnte zwar zu einer stärkeren Europaverbundenheit führen, zu größerer Bürgernähe und Bürgerfreundlichkeit, und damit argumentiert die Partei auch. In Wahrheit aber verfolgt sie ein ganz anderes Ziel. Zu den grundsätzlichen Fragen nämlich soll auch die EU-Erweiterung gehören. Der CSU geht es um den möglichen Beitritt der Türkei, und den lehnt sie ab. Darauf kommt es ihr an. Das gibt sie offen zu. Das stellt sie erst gar nicht in Frage.

Volksabstimmungen, Volksbefragungen und Volksentscheide, deren Themen von der Politik oder gar den Parteien vorgegeben werden, verkehren die Idee in ihr Gegenteil. Denn nicht der Wille der Bürgerschaft wäre dann der Auslöser, sondern der Wille der Berufspolitiker, die mal gnädig, mal eigennützig dem Volk eine Frage zum Fraße vorlegen würden. Bei Volksabstimmungen, Volksentscheiden und Volksbefragungen aber, das Wort sagt es bereits, muss es um das Volk gehen, von ihm müssen sie ausgehen. Plebiszite sind originäre Rechte der Bürger, kein Recht der Politik oder gar der Parteien. Aufgabe des Staates ist lediglich, die Voraussetzungen dafür zu schaffen – indem es die Beteiligung der Bürger erlaubt und die Rahmenbedingungen dafür setzt.

Die Beispiele Berlin und Niedersachsen zeigen eines sehr deutlich: Bürgerschaftliche Beteiligungen und Plebiszite dienen keinem pädagogischen Selbstzweck und sind keine Demokratieübungen. Sie sind die Fortsetzung dessen, was Willy Brandt in seiner ersten Regierungserklärung 1969 sagte: »Wir wollen mehr Demokratie wagen.« Seine Worte zeigten Wirkung. Die Menschen wagen schon lange mehr Demokratie. Das sollte sechzig Jahre nach Gründung der Bundesrepublik nicht nur anerkannt, sondern gelobt und gefördert werden. Die Bürger üben nicht nur Demokratie, und sie wagen sie auch nicht bloß. Sie gestalten sie. Längst sind sie nicht mehr willens, es bei Parteien- und Politikverdrossenheit zu belassen, längst wollen sie mitreden und mitentscheiden. Ziviles Engagement, bürgerschaftliche Beteiligungen und Plebiszite sind politische Einmischung.

Sie sind ernsthafte Politik.

Persönliches, ziviles und demokratisches Engagement wirkt sich immer aus. Auf das eigene Leben, auf die Politik. Nicht nur auf dem klassischen Feld der Politik, sondern auch bei gesellschaftlichen und sozialen Fragen. Nicht nur dort, wo alle an einem Strang ziehen, sondern gerade dann, wenn es zum Streit kommt. Im Streit wird nur deutlicher, dass ziviles Engagement, zivile Einmischung politisch ist. Aber auch, wenn alle einig zu sein scheinen, wenn es nicht zum Schwur kommt, ist der Einsatz bedeutsam, ist er politisch. Jeder Einsatz ist politisch.

… und jeder ist ein Politiker

Joseph Beuys sagte einst über Kunst:

> »Alles ist Kunst, jeder ist ein Künstler.«

Das war eine Folge seines Lebens, seiner eigenen Lebenserfahrungen – nicht zuletzt derer, die er im Krieg gemacht hatte, als ihm Tartaren nach einem Absturz mit Filz und Fett das Leben retteten. Für Beuys gab es keinen Unterschied zwischen seinen persönlichen Erfahrungen und seinem Leben als Künstler, zwischen seinem Leben als Mensch und seinem Leben als Künstler. Es war eins. Sein privates Leben war ebenso öffentlich wie sein öffentliches Leben privat. Selbst Mode erklärte er zu Kunst, als persönlichen Ausdruck jedes einzelnen Individuums, der gleichzeitig eine öffentliche Botschaft enthält.

In Anlehnung an Beuys könnte man sagen:

> »Alles ist Politik, jeder ist ein Politiker.«

Denn auch das, was wir tun, ist nicht nur privat. Niemand lebt nur als Individuum in seinem stillen Kämmerlein, jeder ist zugleich ein Teil des Ganzen. Jeder bestimmt das Bild der Gesellschaft, jeder verändert es. Wer hat denn aus der Republik das gemacht, was sie ist? Wir! Wer hat es denn in der Hand, sie weiter zu gestalten? Wir alle! Und wir tun es.

Barack Obama sagte im Wahlkampf 2008:

> »Yes, we can.«

Yes, we can – auch wir in Deutschland: Because we are.

Wir können, weil wir sind – wir sind ein Teil des Ganzen, ein Teil der Gesellschaft, ein Teil der Politik. Jeder gehört dazu, ob er Ruhe bewahrt oder Unruhe stiftet, ob er mitmacht oder anführt, ob er anregt oder aufregt. Egal, wie er sich regt: Jeder ist ein Politiker.

Wir mischen uns ein und werden es weiter tun. Nicht, weil man es von uns verlangt. Unsere Einmischung ist auch keine Zumutung für uns. John F. Kennedys legendären Satz: »Frage nicht, was dein Land für dich tun kann, sondern frage, was du für dein Land tun kannst«, verstehen wir nicht als schulmeisterliche Aufforderung, sondern als klare Selbstverständlichkeit. Weil wir das Volk sind, von dem die Staatsgewalt ausgeht. Wir tun es nicht nur für den Staat und nicht nur für das Land. Wir tun es auch für uns selbst. Denn es tut uns gut. Unser Einsatz macht uns glücklich!

Also: auf geht's!

Derart mobilisiert erwarten wir natürlich von der Politik, dass sie das nicht nur gut findet, sondern nun auch etwas für uns tut.

Nach sechzig Jahren Grundgesetz und fast zwanzig Jahren deutscher Einheit ist etwas fällig. Wir sind erwachsen geworden und mündig obendrein. Wir sind nicht verführbar oder dumm, sondern eigenständig und wach. Da kann das Provisorium Grundgesetz getrost ein paar Ergänzungen vertragen, wie plebiszitäre Elemente zum Beispiel, die es in den Landesverfassungen längst gibt. Was dort richtig ist und funktioniert, kann auf Bundesebene nicht rundweg falsch sein – zumal das Grundgesetz für das Volk schon jetzt nicht nur Wahlen, sondern auch Abstimmungen vorsieht. Einige Politiker befürworten bereits Volksabstimmungen über politische Themen oder Verfassungsänderungen beispielsweise, nicht nur der Bundespräsident, sondern auch Vertreter der SPD, der CSU, der FDP, der Linkspartei und der Grünen. Da kann der Schritt zur Grundgesetzänderung doch nicht so weit sein.

Also, liebe Berufspolitiker, auch für Euch gilt: auf geht's:

Mehr Transparenz!

Mehr direkte Demokratie!

Volksabstimmungen auf Bundesebene!

Kommunales Ausländerwahlrecht – nicht nur für EU-Bürger!

Und ihr, liebe Parteipolitiker tut endlich, wozu ihr nach dem Parteiengesetz schon lange verpflichtet seid: Fördert unsere aktive Teilnahme am politischen Leben, sorgt für eine ständige lebendige Verbindung zwischen uns und dem Staat! Wagt auch ihr mehr Demokratie:

Mehr Transparenz!

Mehr Mitspracherechte!

Mitbestimmung bei der Aufstellung der Landeslisten!

Freie Wahl zwischen den Kandidaten, die auf den Listen stehen!

Lebt für die Politik, nicht von ihr! Nicht für die Macht, sondern für die Sache!

Weg mit der Ochsentour in Euren Parteien!

Quereinsteigern größere Chancen geben!

Und: Finger weg von den Medien, dem öffentlich-rechtlichen Rundfunk zumal!

Aber aufgepasst: Wir werden Euch beobachten, denn auch wir sind Politiker. Politik ist für mich schon lange mehr als der Feuersalamander von einst.

Politik interessiert mich.

DANK

Ich habe vielen zu danken, die mir geholfen haben, die gelesen, mit mir diskutiert und wieder gelesen haben, immer ermutigend und – trotz aller Freundschaft – immer kritisch. Es sind Weggefährten unterschiedlichsten Alters, sie kommen aus Ost und West:

Ich danke meinen jungen Freundinnen Reni Maltschew und Annedore Mette sowie meiner ebenso kritischen wie fröhlichen, gleichaltrigen Freundin Martina Weyrauch aus (früher Ost-) Berlin. Ich danke Christiane Landgrebe, der Achtundsechzigerin unter meinen Gegenlesern, die humorvoll und stets wach auf das entstehende Werk geblickt hat. Ich danke meiner seit Schulzeiten innigen Freundin, der Übersetzerin und feinsinnigen Wortfinderin Marina Tichy, sowie ihrer Tochter, meinem Patenkind Jenny, der jüngsten Gegenleserin, die, kaum dass sie von dem Projekt erfahren hatte, davon träumte, dass sie das Buch in dem Buchladen, in dem sie neben ihrem Studium jobbt, »in die Bestsellerwand einräumt«. Ich danke meiner jungen Physiotherapeutin Caroline Wood, ohne die ich dieses Buch nach einer überraschenden Schulteroperation nicht rechtzeitig hätte beenden können.

Mein Dank gilt meiner Lektorin Franziska Beyer und dem gesamten Lübbe-Team sowie meinem Literaturagenten Peter Molden, der sich geduldig um alles gekümmert hat – nach dem Motto: »Du sollst nur schreiben, den Rest mache ich.«

Ich danke meinem Bruder Fritz, dem Impresario, von

dem nicht nur die Idee des Buches, sondern auch der Titel stammt, und dem das Buch gewidmet ist. Meinen Eltern danke ich für die Freiheit, die sie mir gaben.

Vor allem aber danke ich meiner Freundin Margarita Chiari. Für alles.

Beatrice von Weizsäcker
München, im Juni 2009